Felix Heidenberger, Jahrgang 1924, in München geboren, verheiratet, zwei Töchter. Er ist Journalist von Beruf und war zuletzt Redaktionsleiter für Nachrichten und Aktuelle Berichte im Bayerischen Fernsehen.

Zum Ausgleich für die eher nüchterne Tätigkeit am Redaktionstisch schrieb er Jugendbücher, Abenteuergeschichten und Reiseerzählungen und drehte dokumentarische Ski- und Bergfilme für das Fernsehen.

Jetzt lebt er als freier Schriftsteller in München und immer wieder auf seinem Segelboot vor der jugoslawischen Küste.

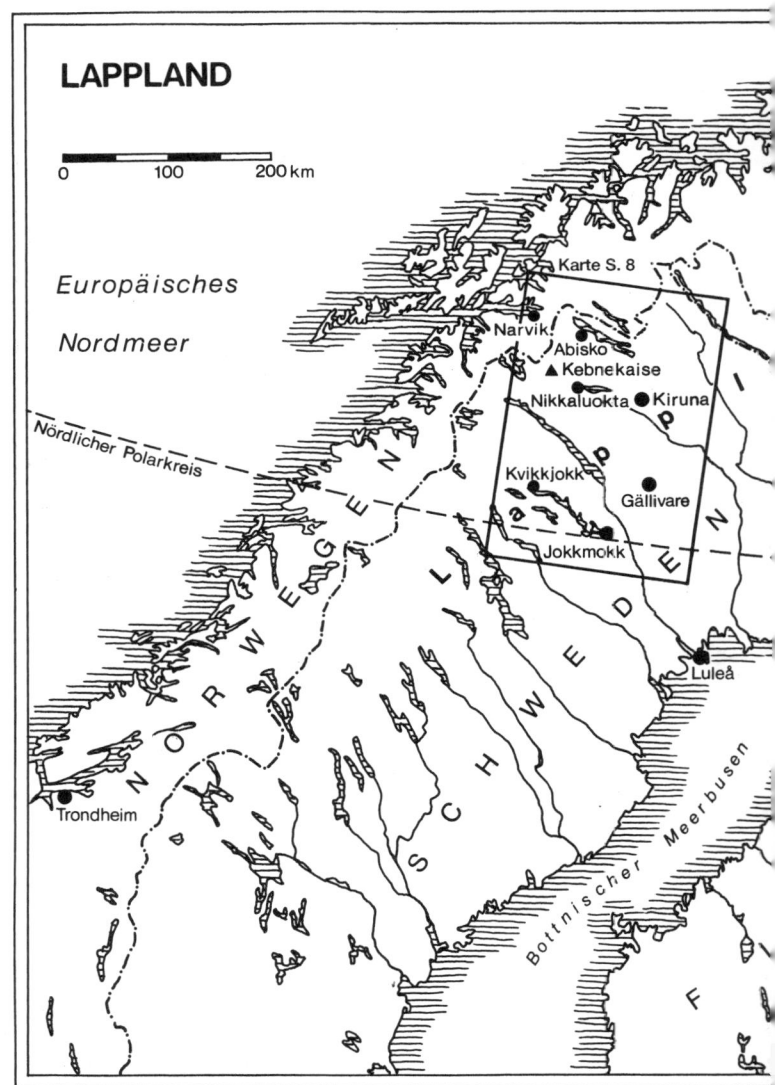

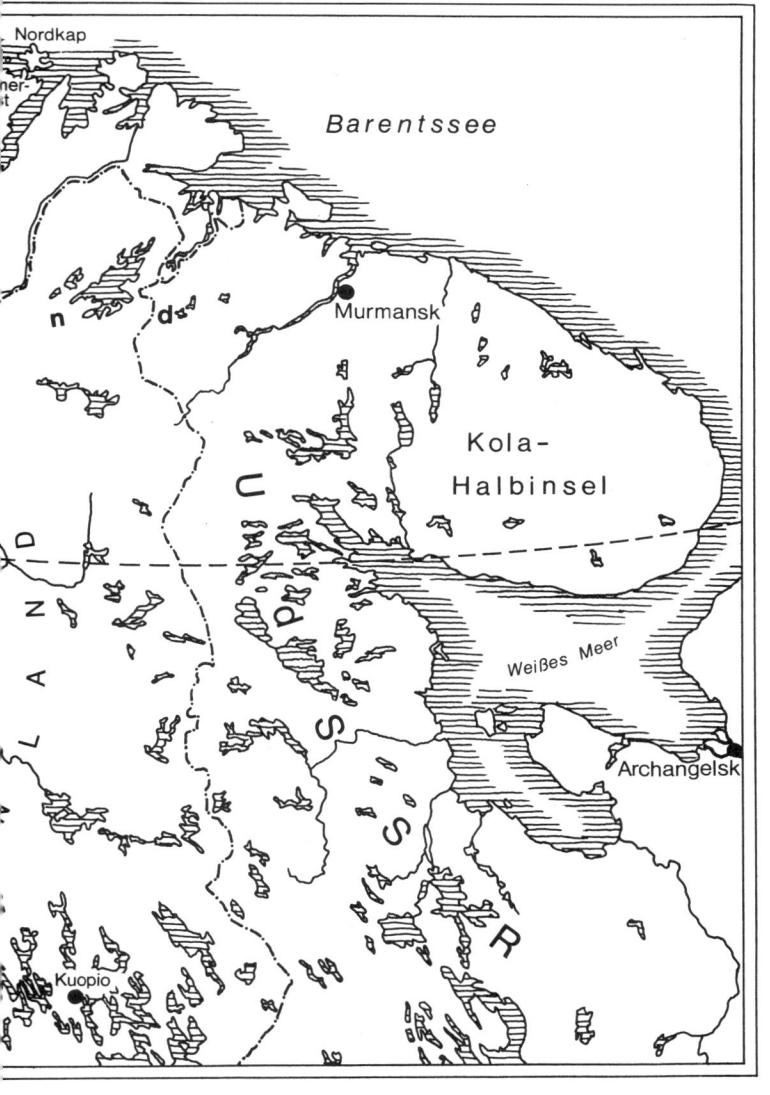

Felix Heidenberger

# Mit Skiern durch das weiße Lappland

### Eine Tour
### durch das winterliche Nordschweden

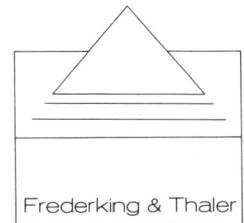

Frederking & Thaler

Autor und Verlag danken dem Insel Verlag für die freundliche Genehmigung zum Abdruck der Zitate von Carl von Linné aus: „Lappländische Reise".

CIP-Titelaufnahme der Deutschen Bibliothek
Heidenberger, Felix:
Mit Skiern durch das weisse Lappland : eine Tour durch das winterliche Nordschweden / Felix Heidenberger. – München : Frederking u. Thaler, 1990
  (Reisen, Menschen, Abenteuer)
  ISBN 3-89405-050-0


REISEN · MENSCHEN · ABENTEUER

© 1990 Frederking & Thaler GmbH, München
Alle Rechte vorbehalten
Titelfoto/Fotos: Felix Heidenberger, Helmut Pischl, Schwedische Touristik-Information, Hamburg
Karten: Isolde Notz-Köhler
Produktion: Tillmann Roeder
Gesamtherstellung: Presse-Druck Augsburg
ISBN: 3-89405-040-3

# Inhalt

| | |
|---|---:|
| Auf dem Kungsleden. Vom Lappendorf Kvikkjokk zu den Hütten von Parte und Aktse | 9 |
| Auf den Spuren von Carl von Linné. Aufstieg zur Baumgrenze und Abfahrt zum Sitojaure | 47 |
| Über das Gebirge des Stora Sjöfallet zur Saltoluotka-Fjällstation | 72 |
| Wer sind eigentlich die Lappen? | 95 |
| Im Abisko-Nationalpark, dem Langlaufparadies | 107 |
| Als letzter in der Spur zum Alesjaure | 126 |
| Über den Tjäktjatjåkka-Paß nach Sälka | 138 |
| „Schneller fliegen ist leichter als langsam" | 151 |
| Reisetips | 165 |

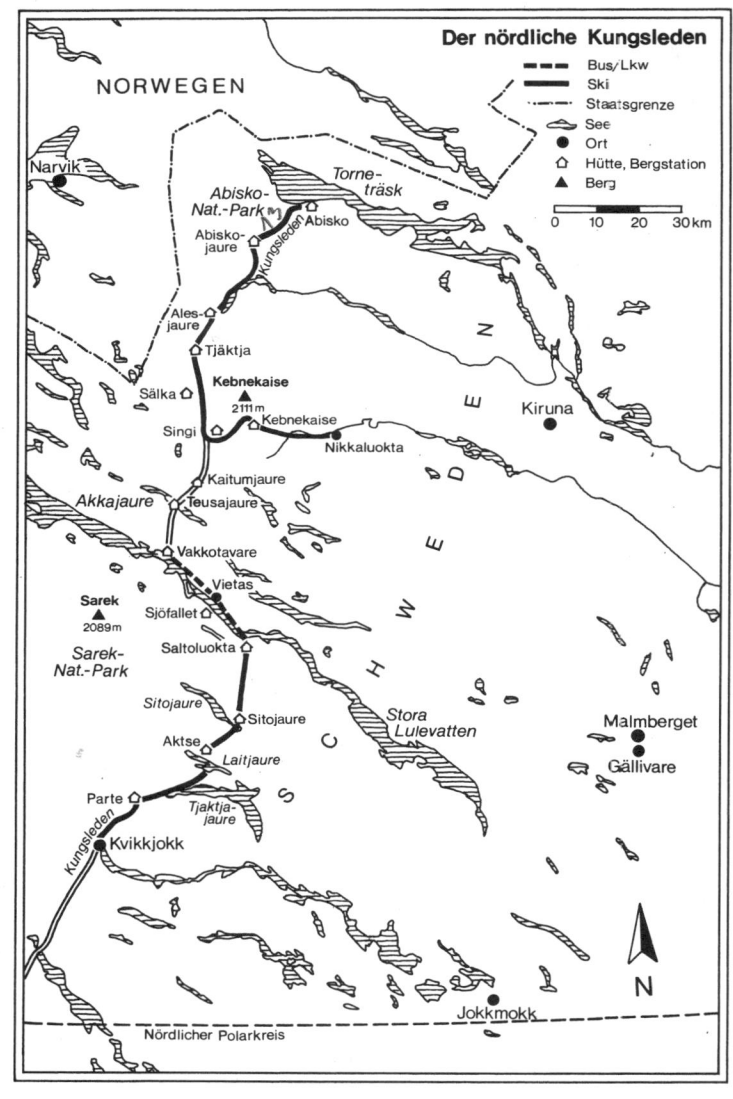

# Auf dem Kungsleden.
## Vom Lappendorf Kvikkjokk zu den Hütten von Parte und Aktse

Fünf Männer – eine Spur. Unsere Spur. Auf Skiern durch Lappland unterwegs. Das Ziel ist der Weg. Der Königsweg, Kungsleden. Der große Weg in Schweden, von Süden nach Norden über den Polarkreis hinaus. Ein Weg durch Niemandsland, durch Lappland, ein Land, in dem eigentlich niemand wohnt. Nur einige Lappen hausen noch irgendwo, so hat man uns erzählt.

Eine Spur, einer geht voran. Er bestimmt die Richtung. Seine Skier versinken im tiefen, windgepreßten Schnee, brechen durch die Kruste, die spröde ist wie Glas. Der zweite hat es leichter. Seine Skier gleiten schon in einer Spur. Der letzte, der fünfte, hat es am besten.

Der fünfte zu sein, der letzte zu sein. Ich genieße den Vorzug. Nicht mehr lange. Bald wird der erste neben die Spur treten, die anderen an sich vorbeiziehen lassen und sich als letzter hinter mir einreihen. Und so wird es weitergehen, im Wechsel von zehn Minuten, einer Viertelstunde, bis ich es wieder bin, der den unberührten Schnee vor sich hat, dessen Skispitzen eintauchen in die gläserne Kruste, wieder auftauchen, wieder versinken, der nur den Schnee vor sich hat, die endlose Weite, am Horizont einen Punkt, einen Baum, einen Hügel, zur Orientierung, der den Rhythmus bestimmt, für sich und die anderen, den Rhythmus von Armen und Beinen, von Stöcken und Skiern ... ssssht-tack ... ssssht-tack ... den Rhythmus, der das Gehen erleichtert, der das Gewicht auf den Schultern mittragen hilft, mein eigener Rhythmus, der mich davonträgt, der mich beflügelt, der mich vergessen läßt, daß ich gehe, der meinen Körper schwingen läßt und meine Gedanken fliegen ... ssssht-tack ... sssht ... tack ... ssssht-tack ... sssht ... tack ... ssssht-tack ... sssht ... tack ...

Der Boden senkt sich. Vor uns liegt der Tjaktjajaure, die weite Ebene eines zugefrorenen Sees. Ich gleite hinab auf das schneebedeckte Eis. Die Skier finden hier besseren Halt, sinken nicht mehr so tief ein. Ein paar Meter am Ufer entlang, dann gebe ich die Spur frei für den nächsten und darf wieder der letzte sein.

Beaver ist jetzt der erste. Ich kenne ihn kaum. Beaver habe ich ihn getauft. Eager Beaver, der emsige Biber. Wegen seiner gedrungenen Gestalt, die ständig in Bewegung ist, immer mit irgend etwas beschäftigt. Sogar das Gesicht kommt nie zur Ruhe, fast nie. Wie ein Wetterleuchten zuckt es um Mundwinkel und Augen. Vor allem beim Reden. Und auch im Reden ist er sehr emsig. Schon bei unserer ersten Begegnung in München hatte mich das Unstete an diesem Gesicht verunsichert.

Beaver spurt voran. Er ist der kleinste von uns. Aber sein Rucksack ist größer als meiner. Von hinten sieht man nur Arme und Beine. Doch Beaver beschleunigt das Tempo. Sein Rhythmus ist zügiger.

Ich reihe mich ein und bleibe zurück. Ich weiß, ich habe die günstigste Spur. Ein paar kräftige Stockschübe, und ich habe den Abstand verkürzt, gehöre wieder zur Gruppe. Aber ich genieße den Abstand ...

Plötzlich vorne ein Ruf. Die Gruppe bleibt stehen. „Rüber ans Ufer! Vorsicht!"

Die anderen treten zur Seite, im Treppenschritt die Uferböschung hinauf. Nur der erste, Beaver, bleibt auf dem Eis. Er ist eingebrochen. Die Spur färbt sich dunkel, endet im Wasser. Beaver ist bis zu den Knien versunken, lehnt mit dem Oberkörper auf dem Eis, die Arme ausgebreitet.

„Vorsicht! Nicht bewegen!"

Edelweiß gibt die Kommandos. Er ist der erfahrenste von uns. Er ist Bergwacht-Ausbilder daheim in den bayerischen Bergen, und das Edelweiß-Zeichen auf seinem Anorak hat ihm den Namen gegeben.

„Zuerst den Rucksack runter!" mahnt er mit ruhiger Stimme. „Aber langsam!"

Beaver legt sich mit dem Oberkörper leicht auf die Seite. Das Eis unter ihm gibt federnd nach. Behutsam befreit er den linken Arm von dem Rucksackgurt und greift mit der Hand nach dem Skistock, den ihm Edelweiß hinstreckt. Die eigenen Stöcke hat er zwischen sich und das Ufer gelegt. Sie bilden eine Brücke, auf der sich Beaver an Land schieben will. Doch er bleibt mit seinen Skiern unter dem Eis hängen. Er faßt mit der Hand unter das Wasser, um die Bindung zu lösen.

„Nicht abschnallen!", ruft einer. „Mit den Skiern verteilt sich das Gewicht besser."

„Natürlich abschnallen!" Edelweiß macht eine unwirsche Handbewegung. „Mit den Skiern kommt er doch überhaupt nicht heraus."

Beaver ist mit dem linken Ski freigekommen und hat ihn über dem Eis, noch immer angeschnallt, das Bein ganz angezogen. Vorsichtig versucht er sich aufzustützen. Sofort gibt das Eis nach und wird dunkel von aufkommendem Wasser.

Wir anderen drei stehen da wie gebannt. Wir wollen helfen, wissen aber nicht, wie. Einer will im Bogen um das Loch herumgehen und den Rucksack bergen. Energisch wird er von Edelweiß zurückgewiesen.

„Zurück!" schreit er. „Erst der Mann, dann das Gepäck!"

Solche Regelsprüche sollten wir in den nächsten Tagen noch häufig zu hören bekommen. Der Wortschatz des Reserveoffiziers und Bergwachtausbilders schien darin unerschöpflich zu sein.

„Nur keine Panik!" mahnt er.

Beaver braucht die Mahnung nicht. So fahrig und nervös auch sonst seine Bewegungen sind, jetzt ist er ganz ruhig und bedächtig. Er hat doch den rechten Ski abgeschnallt und benützt ihn als Stütze. Er ragt etwa zur Hälfte aus dem Wasser. Das Loch, in dem Beaver hängt, ist inzwischen so groß geworden, daß wir deutlich die Strömung sehen können. Es muß ein Zufluß hier in der Nähe sein, ein Bach. Deshalb ist die Eisschicht so dünn. Jetzt, da wir es wissen, erkennen wir auch den Verlauf der Strömung. Der Schnee ist dort ganz glatt, wie der unberührte Sand am Meeresstrand. Das bedeutet, daß die darunterliegende Eisschicht auch ganz glatt und dünn ist. Weiter draußen auf dem See ist die weiße Ebene gebrochen wie ein gepflügter Acker. Da hat sich Altschnee zu Furchen angehäuft, hat sich geborstenes Eis zu Schollen zusammengeschoben, haben sich Wächten, Buckel und Mulden gebildet.

Wir sind um eine Erfahrung reicher. Mit Hilfe der ausgestreckten Skistöcke hat Beaver das Ufer erreicht.

„Mann, das ging gerade noch mal gut!" Edelweiß klopft ihm auf die Schulter. Der Unglückliche schüttelt sich und grinst uns an. Kaum hat er festen Boden unter den Füßen, da kehrt auch seine gewohnte Beweglichkeit zurück.

„War nicht so schlimm", sagt er lachend. „Bin völlig trocken."

Die Stiefel und die kniehohen Gamaschen haben das Wasser tatsächlich abgehalten. Nur die Knie sind naß und die Handschuhe. Mit vereinten Kräften holen wir auch den Rucksack an Land. Den Rat, die Hosen zu wechseln, weist Beaver zurück. Wenn wir weitergehen, friert die Nässe an den Hosen und hält gut warm, meint er. Er drängt zum Aufbruch. Aber zuerst müssen wir die Skier trocknen. An der Lauffläche hat sich eine Eisschicht gebildet, an der der Schnee kleben bleibt, vor allem dort, wo die Kunststoff-Fellstreifen eingefräst sind.

Helmut und Edelweiß sind die einzigen, die sich schon länger kennen. Sie haben schon viele Touren gemeinsam gemacht, waren auf dem Olymp, auf dem Kilimandscharo und im Himalaya. Helmut war es, der die Idee zu diesem Lappland-Unternehmen gehabt hatte. Er war schon einmal im Sommer hier gewesen, war den Kungsleden von Abisko zum Kebnekaise gegangen, dem höchsten Berg Lapplands. Er hatte die Reise organisiert: mit der Bahn nach Kopenhagen, mit dem Schiff nach Malmö, mit dem Flugzeug nach Kiruna und wieder mit der Bahn nach Jokkmokk, der alten Lappensiedlung, wo das Abenteuer beginnen sollte. Diesmal im Winter, von Süden nach Norden, zu einer Zeit, in der niemand hier unterwegs war, nicht einmal die Lappen.

Die Rentier-Lappen sind um diese Jahreszeit im Süden, hatte man uns gesagt. Sie ziehen mit ihren Herden dorthin, wo sie Nahrung finden, wie seit Hunderten von Jahren. Erst im Frühjahr kommen sie wieder nördlich des Polarkreises hinauf. Aber man sieht sie kaum. Sie sind scheu, so wie ihre Rentiere. Viel mehr wußten wir nicht. „Sie haben Gesichter wie Karpfen", hatte Joka erzählt, der diese Weisheit wieder von Freunden hatte, die einmal hier waren.

Joka, das ist der fünfte in unserer Gruppe. Für ihn fiel mir kein Name ein. Er heißt Josef K. Das erinnert zu sehr an Kafka, paßt aber nicht zu ihm. Er ist ein handfester, kompakter Bayer, robust und zäh, ohne intellektuelle Anfälligkeit. Darum also nenne ich ihn Joka.

Eine Woche vor unserem Aufbruch hatten wir fünf uns erstmals getroffen. Wir wählten Elmau, das Tal am Fuße des Wettersteins, weil es von München leicht zu erreichen war und dort im April noch Schnee lag. Außerdem gibt es

*Rentiere bilden für viele Lappen (Sami) die Lebensgrundlage*

vom Tal hinauf zum Schachen auch einen „Königsweg" in Erinnerung an den Bayernkönig Ludwig II. Wir wollten die Langlauf-Tourenskier, die sich jeder eigens für das Abenteuer angeschafft hatte, die Rucksäcke und andere Ausrüstungsstücke testen. Und – so nebenbei auch uns gegenseitig. Die meisten von uns kannten einander ja nicht.

Was veranlaßt fünf gestandene Familienväter, zwei Wochen ihrer Urlaubszeit damit zu verbringen, sich mit 25 kg schweren Rucksäcken durch die Schneewüste Lapplands zu quälen? Wir fragten uns gegenseitig.

Für Helmut und Edelweiß war die Antwort klar gewesen. Nur eben eine weitere Tour, sagten sie, eine Fortsetzung der Reihe von Bergfahrten und Reiseabenteuern, die sie schon gemeinsam erlebt hatten. „Ich möchte wissen, wie es im Winter ist", hatte Helmut noch gesagt. „Alle haben gesagt, Lappland ist nur etwas im Sommer. Ich glaube das nicht." Und dann haben beide auch zugegeben, daß es der Kebnekaise ist, der sie lockt, der höchste Berg Lapplands und Schwedens überhaupt mit seinen 2114 Metern. Im Sommer sei er leicht zu besteigen. Da gingen viele Touristen hinauf. Doch von Winterbesteigungen höre man nie etwas.

Beaver hatte uns mit seinen himmelblauen Augen angestrahlt. „Mich zieht das Fernweh hinaus", hatte er geantwortet. „Wenn ich eine Zeitlang zu Hause war, dann packt mich die Unruhe. Dann muß ich weg, möglichst weit weg. Wohin, ist ziemlich egal. Ich komme immer gern wieder zurück. Aber nur so lange, bis es mich wieder packt..."

Fernweh. Das klingt wie eine Krankheit, wie Zahnweh. Was ist das für eine Kraft, die eine solche Gewalt über den Menschen gewinnt, daß es wehtut? Die den Menschen packt und über Länder und Ozeane hinwegzerrt, ihn Grenzen überwinden läßt, auf höchste Gipfel hinauftreibt, ihn durch Wüsten und Urwälder hetzt, in den eisigen Winter am Polarkreis. Von wo kommt diese Kraft? Kommt sie aus der Ferne, von dort, wohin sie einen zieht? Oder ruht sie im Menschen selbst, mitten in ihm, in der Unruhe, der Unrast, die ihn nicht zufrieden sein läßt mit dem, was er hat, was er ist und wo er ist?

Mich hat weder Fernweh noch Abenteuerlust bewogen, auf das Angebot Helmuts einzugehen. Eher war es Neugier. Ich wollte wissen, ob ich auch so etwas schaffen würde wie die anderen, wollte die Grenze meiner Möglichkeiten erfahren. Und ich wollte beobachten, an mir und an den andern, wie sich Menschen unter solch extremen Bedingungen verhalten, wollte feststellen, was ich empfinde, welche Gedanken mich begleiten. Und neugierig war ich auch auf Lappland, auf die Landschaft und auf die Menschen dort oben am Polarkreis. Ich hatte manches gehört, einiges gelesen, aber ich wollte wissen, wie es wirklich ist.

Wir hatten auch Joka gefragt, warum er die Tour mitmache. „Ich gehe halt mit", hatte er gesagt und dabei gelacht. „Mal was anderes. Einen besonderen Grund? Muß man immer einen besonderen Grund haben?"

Wir sind heute den zweiten Tag unterwegs. Vergangene Nacht waren wir in Parte, einer einsamen Hütte an einem kleinen See. Und die Nacht davor waren wir in Kvikkjokk, einem Lappendorf mit einer Kirche und wenigen Häusern, die alle unbewohnt schienen. Es gab eine Jugendherberge, die aber im Winter geschlossen war. Im nächsten Haus, ein paar hundert Meter weg, wohnte eine Frau, die uns den Schlüssel für zwei kleine Hütten gab, die zu der Jugendherberge gehörten. Sie hatten die Namen „Väst" und „Öst", was wir auch ohne Schwedischkenntnisse als Himmelsrichtungen identifizierten. In jeder Hütte gab es vier

*Der Kirchturm von Kvikkjokk ist einer Windskydd, einer der typischen Schutzhütten, nachgebildet*

Betten, immer zwei übereinander. Helmut und Edelweiß schliefen in „Väst", wir anderen in „Öst". Um sieben Uhr morgens weckten uns die „Väst"-Bewohner polternd auf. Sie waren selbst unsanft von drei schwedischen Touristen aus dem Schlaf gerissen worden, die sich in „Väst" einquartieren wollten. Wir machten Feuer, frühstückten, füllten unsere Thermosflaschen mit heißem Tee, und wenig nach acht Uhr zogen wir los. Durch das Fenster der „Väst"-Hütte sah ich ein Mädchen mit langen blonden

Haaren und zwei Burschen am Tisch sitzen. Alle drei mochten kaum über zwanzig sein. In ihren buntgemusterten Pullovern wirkten sie sehr sportlich und unternehmungslustig. Das Mädchen blickte zum Fenster und zwinkerte mit den Augen. Ich hob die Hand und winkte zurück.

„Es sind Studenten aus Uppsala", klärte mich Helmut auf. „Wenn ich recht verstanden habe, wollen sie ins Sarek-Gebirge." Es war nur eine kurze Begegnung, aber wir sollten später noch von ihnen hören.

Die erste Etappe von Kvikkjokk nach Parte war die leichteste unserer ganzen Tour gewesen. Aber das wußte ich gestern noch nicht. Wir hatten sieben Stunden gebraucht. So lange war ich noch nie auf Skiern unterwegs gewesen, schon gleich gar nicht mit schwerem Gepäck. Das Gehen in der Spur war mir schwer gefallen, das Anpassen an den Rhythmus des Vordermannes. Ich wollte öfter Pause machen, aber weil die anderen weitergingen, sagte ich nichts und ging auch weiter. Nur, wenn ich der letzte in der Spur war, dann ließ ich den Abstand größer werden, ließ mich in den eigenen Rhythmus fallen, und wenn mich der Rucksack allzusehr drückte, blieb ich stehen, beugte mich nach vorn und stützte mich mit den Schultern auf die Stöcke. Dann mußte ich schneller laufen, um die anderen wieder einzuholen, und in der letzten Stunde war ich bereits so erschöpft, daß ich die Gruppe nicht mehr einholen konnte und Helmut zurück blieb, um mich in Sichtweite zu behalten. Als ich endlich die Hütte von Parte erreichte, hatten die anderen schon ihre Rucksäcke ausgepackt und Teewasser aufgesetzt, und Joka und Beaver gingen hinter die Hütte, um Feuerholz zu hacken für die Nacht.

In der Tür stand ein grauer Mann, der mich aus wässerigen Augen anglotzte, und seine Gesichtszüge waren so verschwommen, daß ich nicht wußte, ob er freundlich war oder nicht. Alles an dem Mann war grau: seine Haare silbergrau, seine Haut blaßgrau, seine zerschlissene Jacke schwarzgrau. Wir waren uns nicht klar, ob das der Hüttenwart war. Die Unterkunftshütten der „Svenska Turistföreningen" sind hier oben um diese Jahreszeit Anfang März zwar unverschlossen, aber auch unbewirtschaftet, so hatte man uns gesagt. Zu jeder Hütte gehört ein Schuppen, in dem die Latrine ist und wo auch das Feuerholz gestapelt wird. Jeder muß sich sein Holz selbst hacken und möglichst auch einen kleinen Vorrat, damit die Nachfolgenden etwas vorfinden, wenn sie müde und ausgefroren ankommen.

Der Graue gab unverständliche Laute von sich, glucksend und schnalzend, das erste Lappländisch, das wir vernahmen. Er verstand uns nicht, unser Deutsch, kein Englisch und wohl auch nicht unser gestammeltes Schwedisch. Und wir verstanden ihn nicht, und doch verstanden wir uns, verstanden einander vom Sinn her, der hinter den Worten steht. Er hatte sichtlich Freude, uns zu sehen. Seit Tagen, seit Wochen vielleicht hatte er keinen Menschen gesehen. Wer kam schon in diese einsame Hütte! Er hatte uns schon von weitem bemerkt, hatte Holz nachgelegt und Schnee in die Eimer getan, damit wir Wasser hatten zum Waschen und Kochen. Wir boten ihm Tee an, in den wir Whisky gossen. Er schob den Tee zurück und nahm den Whisky gleich so, trank ihn pur aus der Flasche, mit kräftigem Zug. Dann holte er seine Flasche, eine zerbeulte Buddel aus Blech, und wir mußten seinen Schnaps trinken, billigen Fusel. „Wodka!" sagte er und rülpste.

Dann ging er hinaus und winkte uns, ihm zu folgen. Er nahm eine eiserne Stange über die Schulter und stapfte voran, einen Fußpfad zum Tjaktjajoure, dem zugefrorenen

See, hinunter. Die Spur führte noch ein Stück auf den See hinaus. Der Lappe schwankte hin und her, und es war unklar, ob das vom Alkohol kam oder ob er immer so ging. Bei einem Loch blieb er stehen, bückte sich, hob ein Stöckchen auf, das quer über dem Loch lag. An dem Stöckchen hing eine Leine, eine Angelschnur, aber an dem Haken war nichts, kein Fisch. Bedauernd hob er die Leine, zeigte uns den leeren Haken, schwankte vom rechten aufs linke, vom linken aufs rechte Bein, und was immer er sagte, glucksend und schnalzend – wir verstanden ihn gut.

Ich kniete neben dem Loch und versuchte, meinen Arm in die Öffnung zu zwängen. Die Eisdecke war gut einen halben Meter dick. Mit seiner Stange, die an einem Ende spitz und gedreht war wie ein Bohrer, stieß der Lappe mehrmals in das Loch, um es zu erweitern. Dann ließ er die Angel wieder hineingleiten und legte das Stöckchen wieder quer über die Öffnung.

Vielleicht morgen. Vielleicht übermorgen, sagten seine Hände. Wer kann das wissen? Heute jedenfalls nicht!

Die Sonne neigte sich zum Horizont, färbte den Schnee golden, und während wir zurückgingen zur Hütte, vor dem Eingang stehen blieben und zum See hinüberschauten, verwandelte sich das Gold in feurige Glut, mit jedem Atemzug fast vollzog sich die Verwandlung des Lichts.

Edelweiß, Beaver und Helmut gingen in die Hütte, zogen sich aus und wuschen sich barfuß und mit nacktem Oberkörper im Schnee, rieben sich ab, schnaubend und stöhnend, aber doch die Kälte genießend, den eisigen Schock, der die Haut erglühen ließ. Willst du der Hitze entfliehen, so gehe ins Feuer, heißt ein buddhistischer Spruch.

Ich fragte den Lappen, wie das Wetter morgen werde. Hatte er mich verstanden? Ich deutete auf die Sonne im

Westen, dann nach Osten, machte die Handbewegung der aufsteigenden Sonne, breitete die Arme aus. Klarer Himmel? Oder wolkig, vielleicht Schneefall? Ich schob die offenen Hände gegeneinander, als ballte ich ein Kissen zusammen.

Ja, er hatte mich verstanden. Er reckte die Arme hoch, von Horizont zu Horizont: Es wird ein schöner klarer Tag werden, ohne Wolken, so wie heute.

Ich fragte ihn nach dem Weg, nach Aktse, unserem Ziel für den nächsten Tag. Aktse, den Namen hatte er verstanden. Er deutete nach Norden, machte dann mit dem Arm einen Winkel nach Westen. Ich wollte mehr wissen, wie weit es sei, wie lange man gehe, ob es bergauf und bergab gehe oder immer gerade, ob in Aktse auch jemand in der Hütte sei, ob er selbst manchmal dorthin komme, wollte wissen, wie er heiße, ob es ihm nicht langweilig werde, allein in der Hütte zu leben. Unsere Verständigung brach ab. Ich holte den Sprachführer aus dem Rucksack. Er hat fertige Fragen für alle Situationen:

„Ich habe eine Reifenpanne. – Ich habe einen Getriebeschaden. – Wo ist die nächste Werkstatt? *Var är närmaste bilverkstad?*" Nein, das half mir nicht weiter. „Können Sie mir sagen, wo der Bahnhof ist? – Wann fährt der nächste Schnellzug nach...? *När gå nästa snälltåg till...?* – Wann legt die Fähre an? – Wo ist der Flugplatz?" An alle Fragen, die ein Reisender haben kann, war gedacht. Nur nicht an meine Fragen.

Der grauhaarige Lappe schaute mir über die Schulter und las mit. Er kicherte und deutete auf die Frage: *„Var kan jag telefonera?* Wo kann ich telefonieren?" Diese Frage schien ihn besonders zu amüsieren. Er griff nach dem Buch, nahm es mir aus der Hand und blätterte darin herum. Sein Zeigefinger fuhr die Zeilen entlang. Plötzlich kicherte er wieder. Jetzt war ich es, der ihm über die Schulter sah. *„Var är polisstationen?* Wo ist die Polizeiwache?" Was war daran so lustig? „Ich möchte etwas anzeigen... einen Diebstahl, einen Verlust, einen Unfall. Mir ist gestohlen worden... meine Brieftasche, mein Koffer, meine Uhr, mein Schirm, ein Regenmantel..." Anerkennend nickte er. Seine wässerigen Augen bekamen etwas Verschmitztes. Er reichte mir das Buch zurück und schüttelte den Kopf. Nein, das Buch war nicht brauchbar zur Verständigung. Es waren Wörter aus einer anderen Welt, das Vokabular der Zivilisation.

Am nächsten Morgen brachen wir um neun Uhr von Parte auf, Richtung Norden. Der Lappe stand am Fenster und schaute uns zu, wie wir die Skier anschnallten. Jetzt sah er wirklich aus wie ein Karpfen im Aquarium.

Es ist bald Mittag. Die Sonne steht hinter uns, wirft unsere Schatten voraus, dem Vordermann auf den Rücken. Nur der erste, der Spurmann, hat seinen Schatten vor sich im Schnee. Der Schatten ist länger als der Mann, selbst jetzt am Mittag. Ich laufe meinem Schatten nach, ich werde ihn nie einholen, denke ich.

Während des Gehens in der Spur ist jeder allein mit seinen Gedanken. Es gibt nur Zurufe: „Da, rechts! Ein Schneehuhn!" oder, wenn wir eine Wildspur kreuzen: „Rentier oder Elch?" – „Elch, sicher. Zu groß für Ren." Mehr nicht. Beim Wechsel der Spur ein Zunicken, eine Grimasse, Andeutung von Müdigkeit oder auch gar nichts, nur Geradeausschauen ins endlose Weiße oder vor sich hin auf den Schnee, auf den Schatten, der vorausläuft, der mit mir wartet, wenn ich verschnaufen will, der mich weiterzieht, den anderen nach, bis er wieder die Fersen des Vordermanns küßt.

Wir haben das andere Ufer des Tjaktjajaure erreicht. Auf einer Landzunge machen wir Rast. Einige vom Wind freigefegte Felsen hat die Sonne erwärmt, obwohl das Thermometer, das Joka an seinem Rucksack hängen hat, sechs Grad unter Null zeigt. Jeder sucht sich einen Stein, auf dem er seinen Rucksack absetzt. Wir haben heißen Tee in den Thermosflaschen, kauen Wurst oder Käse. Erst jetzt kommt ein Gespräch in Gang. Der Zwischenfall vom Vormittag bewegt uns noch immer. Noch einmal wird er durchgesprochen, in allen Einzelheiten.

„Da haben wir vielleicht Glück gehabt!" ... „Stell dir vor, er wäre ganz eingebrochen, total durchgesackt" ... „Es war ja nicht tief. Ein halber Meter vielleicht" ... „Immerhin, völlig durchnäßt, bei der Kälte!" ... „Die starke Strömung. Einmal unter dem Eis, mit den Skiern an den Beinen. Mit dem Rucksack! Überhaupt keine Chance!" ... „Oder er hätte nur einen Ski verloren! Was hätten wir gemacht? Mit nur einem Ski bist du verloren!" ... „Wir hätten Reserveskier mitnehmen sollen. Mindestens einen. Wenn mal ein Ski bricht. Zu Fuß ist es unmöglich. Selbst ohne Rucksack sinkst du ein bis zum Bauch" ... „Ja, wir müssen verdammt aufpassen. Ein Skibruch wäre das Schlimmste!" ... „Wir müssen überhaupt vorsichtiger sein. Das hätte uns nicht passieren dürfen heute früh. Man hätte es sehen können, am Schnee. Die Eisdecke war zu dünn" ... „Nein, kein Vorwurf. Wir konnten es ja nicht wissen. Aber vielleicht doch. Wir waren leichtsinnig, alle. Es hätte schlimm ausgehen können" ... „Aus der Erfahrung sollten wir lernen. Wir müssen vorsichtiger sein!"

Beaver, der Hauptbetroffene, hat sich abseits gesetzt. Das Gespräch scheint ihn nicht zu interessieren. Er ist vollauf mit seiner Mahlzeit beschäftigt. Rings um ihn herum auf dem Felsen hat er Dosen und Schachteln ausgebreitet, eine Bestecktasche, Thermosflasche und Becher, eine Serviette auf den Knien. Er wickelt Päckchen aus und wieder zusammen, kramt in seinem Rucksack herum, immerfort sind seine Hände in Bewegung. Aber er hört den anderen zu.

„Ich war ganz ruhig", ruft er herüber. Er ist wohl stolz darauf, daß man ihm keine Angst angemerkt hatte. Vielleicht hatte er auch wirklich keine. Sich ruhig verhalten, sich nichts anmerken lassen – männliche Tugenden, die uns schon von Kindheit an beigebracht wurden. Sei ein Mann! Nur Mädchen weinen! Hast wohl Angst, was? Feigling! Memme!

„Ein blödes Gefühl war es schon", gibt er schließlich zu.

„Arsch auf Grundeis!" ruft Joka, und alle lachen. Auch Beaver lacht. Genüßlich streicht er sein Finnenmesser an einer Brotkante blank.

Edelweiß studiert die Karte. Er versucht, unseren Standort zu bestimmen und hantiert mit Kompaß und Winkel. Er macht das sehr bedächtig und fachkundig und redet dabei vor sich hin: „... die Bergkuppe, Nordnordost... (er sagt Ost mit langem O)... das ist hier. Wir halten uns links... Nordnordwest... Höhenlinie 800... dann direkt nach Nord. Höchstens noch zehn Kilometer. Wir haben schon gut die Hälfte hinter uns."

Es beruhigt die anderen sicher genauso wie mich, daß einer unter uns ist, der sich in dieser weißen Wüste zurechtfindet, ein Mann, der Erfahrung und Sicherheit ausstrahlt, dem man sich anvertrauen kann. Es gibt keine Diskussion über den Weg. Das nächste Ziel heißt Aktse, eine Lappenstation am Laitjaure, einem der großen Stauseen am Ostrande des Sarek-Gebirges.

Wir brechen auf, lassen den Tjaktjajaure hinter uns und stapfen einen Berghang hinauf. Der Schnee ist hier wieder tief, liegt locker auf niederem, zugewehtem Gehölz, Buschwerk und Latschenkiefern. Immer wieder brechen wir ein, können uns gerade noch mit den Stöcken halten, kippen nach vorn auf die Knie. Das ganze Gewicht auf den Stöcken, auf den Armen, arbeiten wir uns wieder hoch. Manchmal sacken auch die Stöcke ins Grundlose durch. Die Teller sind zu klein. Wir haben Langlaufstöcke, wie man sie bei uns zu Hause für die Loipen hat, für den Ausflug am Sonntagvormittag im Isartal. Hier bräuchten wir Teller wie die Lappen sie haben, wie Suppenteller so groß. Wir hätten daran denken sollen. Aber niemand konnte uns raten. Nur abraten hatten alle gekonnt. Im Winter nach Lappland? Verrückt! Wozu? Da ist nichts, rein gar nichts! Nur Schnee!

Ja, nur Schnee! Und davon genug. Wer jetzt als erster gehen muß, kommt ins Schwitzen. Edelweiß hat den Anfang gemacht. Wir haben wieder die alte Reihenfolge. Als zweiter geht Helmut, hinter ihm Joka, dann komme ich, und den Schluß bildet Beaver. Von hinten sehen wir alle aus wie wandelnde Rucksäcke, wie Ungetüme, wie Ungeheuer von einem anderen Stern, in einer Landschaft, die auf dem Mars sein könnte. Sind wir nicht wie Astronauten? Wankende Gestalten mit dem Sauerstoffbehälter auf dem Rücken, schwerfälliger Gang, torkelnd, unbeholfen.

Die Spur wird immer steiler, das Tempo langsamer. Edelweiß ändert die Richtung. Er geht jetzt schräg zum Hang, um die Steigung zu mindern. Dann versucht er eine Spitzkehre – und verliert die Balance. Einen Ski hat er bereits gegrätscht, in die neue Richtung gesetzt, will den anderen nachziehen, hat sein ganzes Gewicht bereits auf dem linken Ski und dem linken Stock – da gibt die Schneedecke nach. Der Stock taucht bis zum Handgriff ins Grundlose, und Edelweiß sackt zurück, sitzt auf seinen Skienden, die

Beine gegrätscht. Wie im Prokrustesbett gefesselt liegt er ächzend und stöhnend vor uns. Helmut stützt ihn von hinten, will ihn hochschieben, kommt aber selber ins Wanken. Joka steht hinter Helmut und muß ihn halten. Ich arbeite mich an beiden vorbei und versuche von vorn, von oben zu ziehen. Ich reiche dem hilflos im Schnee Rudernden die Hand, doch es nützt nichts.

„So geht es nicht", stöhnt er. „Erst den Rucksack runter."

Helmut hilft ihm, den Riemen zu lösen, öffnet die Bindung der Ski, zieht den rechten Ski heraus, legt ihn parallel neben den linken. Jetzt kann sich Edelweiß darauf stützen, ohne erneut einzusinken. Wir halten ihn rechts und links, schnallen ihm den Ski wieder an, heben den Rucksack hoch.

„Mist, elender!" stößt er hervor und klopft sich den Schnee.

Der Sturz war ihm peinlich. Jeder von uns hätte so umfallen können, aber nicht er. Doch keiner sagt etwas. Helmut übernimmt jetzt die Führung. Wortlos spurt er voraus. Der Schnee ist metertief. Trotz der Skier sinken wir bis zu den Knien ein. Wir hätten auch andere Skier haben sollen, denke ich. Breitere und längere, wie die Lappen sie haben. Ob die anderen das gleiche denken?

Schräg zum Hang kämpfen wir uns weiter, Schritt für Schritt. Nur mühsam gewinnen wir Höhe. Helmut vermeidet eine Spitzkehre, zieht die Spur immer weiter schräg zum Hang, bis wir eine Kuppe erreichen. Kurze Rast zum Verschnaufen. Wir treten ein kleines Plateau fest, wenden am Ort. Joka zieht als erster weiter. Ich lasse mir Zeit, warte noch, bis er ein Stück voraus ist. In seiner Spur komme ich doppelt so schnell voran wie er.

Nach einer Stunde haben wir die Anhöhe erreicht. Wir schauen zurück: Der Tjaktjajaure, die Landzunge, die Felsen, wo wir gerastet haben. Wir haben uns kaum entfernt. Im Sommer hätten wir wohl nur zehn Minuten gebraucht, um den Hang zu bezwingen. War es überhaupt nötig, ausgerechnet hier heraufzusteigen? Hätten wir die Höhe nicht umgehen, einen weiten Bogen machen können? Ob die anderen auch so denken? Niemand sagt etwas, auch nicht, als wir merken, daß es nun wieder ein Stück abwärts geht, um dann erneut anzusteigen.

Der Höhenrücken wird links von einer Felswand begrenzt. Sie ist mehrere hundert Meter hoch. Wie die Eiger-Nordwand ragt sie drohend vor uns auf. Sie dient uns als Wegweiser. Am Fuße der Wand ist ein Sattel. Wenn wir ihn erreicht haben geht es zum Laitjaure hinunter, und am anderen Ufer liegt dann Aktse. So hat es uns Edelweiß erklärt.

Ich spure voraus. Mein Schatten geht neben mir her. Ich nicke ihm zu. Mein treuer Begleiter. Er zeigt mir die Richtung, wie ein Kompaß. Ich muß nur achten, daß er neben mir bleibt, daß er mich nicht überholt, daß er nicht zurückfällt, dann stimmt die Richtung genau: Nordnordwest.

Mein Schatten, das Licht ist dein Leben, und es ist auch dein Tod. Möchtest du, daß es Nacht wird, daß du dich auflösen kannst, mit den anderen Schatten vereinen?

Es ist der eintönige Rhythmus des Gehens, der mich fortträgt und die Gedanken aus mir aufsteigen läßt, freie Gedanken, Neben-Gedanken, Schatten-Gedanken.

Der Höhenrücken ist ein Rücken mit vielen Falten und Buckeln. Immer wieder geht es ein Stück abwärts, und dann müssen wir erneut aufsteigen. Jetzt neigt er sich, und es wäre Zeit, die Führung abzugeben, neben die Spur zu treten und Beaver voranzulassen. Aber ich will den unberührten Schnee vor mir haben, will das Gleiten genießen, das Schweben über dem jungfräulichen Weiß. Mehrmals muß ich die Richtung ändern, Sträuchern und Zweigen ausweichen, die aus dem Schnee ragen. Im Zickzack umfahre ich die Hindernisse, auf einem Ski stehend, mit dem anderen die neue Richtung bestimmend. Schwingen oder Stemmen ist unmöglich. Der Schnee ist zu hart und zu tief, unsere Skier zu schmal. Und dann bleibe ich mit der Skispitze an einem Strauch hängen, reagiere zu spät, habe nicht mehr die Kraft, den Fuß zu heben, verliere das Gleichgewicht, kippe nach der Seite, will mich mit dem Stock abfangen, bohre ins Grundlose – und liege im Schnee.

Nun bemühen sich die anderen um mich, wie zuvor um Edelweiß. Ich liege auf der linken Seite, will mich aufstützen, finde keinen Halt. Der Rucksack preßt mich zu Boden. Ich lege mich auf den Rücken, um ihn abzuschnallen. Aber ich kann mich kaum bewegen. Die Beine sind gefesselt. Ich komme mir vor wie ein Tier, wie eine Schildkröte, die mit ihrem Panzer auf dem Rücken liegt, wie ein Käfer, wie Herr Samsa in Kafkas Erzählung.

Als ich wieder aufrecht stehe, erschöpft von der Anstrengung mich zu erheben, wird mir bewußt, was es heißt, „homo erectus" zu sein. 300 000 Jahre ist es her, seit der Mensch den aufrechten Gang gelernt hat. Und 250 000 Jahre mußte er aufrecht gehen, ehe er vernünftig wurde, „homo sapiens" wurde.

Die anderen sind vorausgegangen. Ich gleite in der Spur nach, und die Gedanken stellen sich wieder ein, die Loipen-Gedanken, die Gedanken neben der Spur. Ich merke kaum, wie es erneut ansteigt und wieder abwärtsgeht, stapfe voraus, wenn ich an der Reihe bin, folge der Richtung, die man mir sagt, die mein Schatten mir weist, folge dem Weg, der endlos zu sein scheint, einem Weg, den es gar nicht gibt, den wir selber bestimmen, der nur eine

Spur ist, die nach uns wieder verweht, die nach uns nicht mehr da sein wird, nach einem Tag, nach zwei Tagen, vielleicht schon nach Stunden, je nachdem, ob es schneit, ob der Wind weht. Das Wetter bestimmt, wie lange unsere Spur ein Weg sein wird.

Auf einer Kuppe stehen wir beieinander und schauen nach Westen. Die Sonne hat bald den Horizont erreicht. Der Zeit nach gerechnet müßten wir längst am Ziel sein. Doch wir sind viel zu langsam vorangekommen. Eine Stunde noch, dann wird es dunkel sein.

„Wie ist die Stimmung der Truppe?" Es soll ein Scherz sein. Aber keiner lacht. Edelweiß gibt sich selber die Antwort: „Besser als ihr Ruf!"

„Was ist?" frage ich und schaue Helmut an.

„Wir rasten nochmal kurz."

„Wie lange noch?"

Helmut schaut Edelweiß an. „Was meinst du? Der See kann nicht mehr weit sein." Edelweiß hat die Karte hervorgeholt und ignoriert die Frage. „Müde?" Helmut hält mir einen Traubenzucker hin. „Hier, nimm, das hilft!"

Ich will keinen Traubenzucker. Ich will endlich am Ziel sein. Meine Kräfte sind am Ende. Ich nehme den letzten Schluck heißen Tee, den ich noch in der Thermosflasche habe; kaue ein Stück Hartwurst. Beaver nestelt an seinem Rucksack herum, unentschlossen, welches Proviantpäckchen er auswickeln soll. Joka lehnt an einem Baum, Erdnüsse kauend, die er sich geistesabwesend nacheinander in den Mund schiebt.

Die Sonne wärmt nicht mehr. Wir müssen beim Essen die Handschuhe anbehalten. Im Osten leuchtet bereits der Mond.

„Unsere Position ist klar." Edelweiß deutet auf die Karte. Helmut und Beaver beugen sich über seine Schulter.

„Unser Standort ist hier. Ja, genau hier. Das da, die dichten Höhenlinien, das ist die Felswand . . ."

Die Felswand ragt noch immer drohend im Westen vor uns auf, noch näher jetzt, noch gewaltiger. Seit Stunden gehen wir auf sie zu, um sie herum. Ich verstehe nichts vom Kartenlesen, will auch nichts davon verstehen. Es genügt, wenn sich einer auskennt. Reserveoffizier bei den Gebirgsjägern und Bergwachtausbilder, das sollte doch genügen. Und Helmut und Beaver verstehen offensichtlich auch etwas davon. Aber sie sind sich nicht einig. Helmut will die Richtung ändern, mehr nach Nordosten. Er meint, da kämen wir früher zum See. Edelweiß besteht jedoch weiter auf seinem Kurs. Er sagt etwas von Azemut, deutet auf den Mond und wiederholt immer wieder, wir seien genau richtig.

„Azimut? Was ist das?" fragt Joka.

Edelweiß versucht zu erklären, doch was er von Mondhöhe, Meridian, Kompaß-Nord und Winkelmessung redet, hat Joka genauso wenig verstanden wie ich. Er wirft sich den Rucksack über und zieht wortlos davon. Das Gehölz wird dichter. Nach wenigen Metern ist er unseren Blicken entschwunden.

„Langsam!" ruft ihm Helmut nach. „Hetzen hat jetzt auch keinen Zweck."

Mich fröstelt. Erst jetzt spüre ich, wie erschöpft ich bin. Joka hat recht. Das Stehenbleiben macht nur müde. Ich nehme meinen Rucksack auf und folge ihm nach. Nur weitergehen, denke ich. Den Körper in Bewegung halten, den Rhythmus wieder finden . . .

Was ist besser: an nichts denken, oder an etwas Bestimmtes, etwas ganz anderes, was mich ablenkt, was mich vergessen läßt, daß ich müde bin, daß mir die Füße weh tun, daß mich das Kreuz schmerzt, die Schultern stechen? Wenn man an nichts denkt, dann laufen die Gedanken alleine, laufen davon, irgendwohin, verlaufen sich vielleicht in der Nacht, fallen in einen Graben, brechen ein im Eis, versinken, ertrinken . . .

Ich will meinen Gedanken entfliehen, doch ich entgehe ihnen nicht. Sie fliehen aus mir heraus, ich lasse sie laufen, aber sie kehren zurück. Sie sind wie ein Hund, der endlich ins Freie kommt, der sich auslaufen darf, den man von der Leine läßt, der davonschießt, einfach davon, nach vorn, dann seitlich ins Gebüsch, über eine Wiese, die Nase am Boden, einer Spur folgend, keine Spur suchend, einen Haken schlagend, einen Kreis, einen Bogen, vor und zurück, und dann endlich ganz zurück, wieder neben dem Herren trabend, bis ihn aufs neue die Lust packt, eine Witterung die Nase kitzelt und er mit einem Satz ins Gebüsch springt . . .

Die Skispitzen tauchen ein in den Schnee, versinken, heben sich wieder, schneiden das weiße Tuch, zerreißen es, tauchen wieder ein, tasten sich voran, suchen sich ihren Weg. Die Skispitzen sind es, die den Weg weisen. Ich folge ihnen nach . . .

An einem Baumstamm schimmert eine Markierung, im Zwielicht der Dämmerung kaum zu erkennen: ein blaugelb-blauer Ring.

„Das ist die Sarek-Nationalpark-Markierung", meint Edelweiß. „Nur weiter!"

Helmut deutet mit dem Skistock nach rechts. „Dort ist wieder eine! Vielleicht ist es eine Wegmarkierung?" Er war schon immer der Meinung, wir sollten uns weiter rechts halten. Ich gehe auf die Markierung zu, die anderen folgen in meiner Spur. Erneut entdecke ich einen Ring.

Unsere Spur weist jetzt scharf nach Osten, dem Mondlicht entgegen.

„Das ist falsch!" ruft Edelweiß. „Wir müssen nach Norden."

„Aber hier geht es abwärts", stellt Helmut fest. „Wir müssen doch auf jeden Fall hinunter zum See. Sicher führt die Markierung zum See. Da kommen wir in jedem Fall besser voran als hier."

„Wir müssen weiter nördlich", beharrt Edelweiß. „Aber wenn du meinst, ein Stück können wir der Markierung ja folgen."

Es ist jetzt so dunkel, daß die Farbringe kaum noch zu sehen sind. Die Gruppe teilt sich, und wir tasten uns von Baumstamm zu Baumstamm. Wenn einer einen Ring entdeckt hat, ruft er, und dann geht die Suche weiter zum nächsten. Nach etwa zehn Minuten geben wir auf. Die Markierungen sind nicht mehr zu finden, und das Gelände wird immer schwieriger, steiler und voller Latschengestrüpp.

„Gehen wir zurück!" Helmut resigniert. „Es war ja nur ein Versuch. Hätte ja sein können ..."

Keiner antwortet. Wir stapfen zurück, wieder bergan bis zu der Stelle, wo wir abgebogen sind. Beaver, der als letzter gefolgt war, ist jetzt vorn. Ich lasse die anderen voraus, stütze mich gegen einen Baum. Die Last auf den Schultern wird unerträglich. Wir werden noch Stunden gehen müssen, bis wir diese Hütte erreichen. Wenn wir sie überhaupt finden! Wir irren hier in der Nacht umher, keiner weiß so recht, wohin es eigentlich geht, der eine sagt rechts, der andere links, und wenn ich vorangehe, kümmert sich niemand, wohin ich eigentlich gehe, alle laufen mir einfach nach, folgen in meiner Spur, blindlings, so wie ich den anderen folge ...

„Haaa-lo!" Die anderen warten auf mich.
„Ich komme schon!"
Alles okay?"
„Ja, ja..."
Ich raffe mich auf. Ich muß weiter. Ich kann hier nicht stehenbleiben, und hinsetzen darf ich mich erst recht nicht. Nur gehen, weitergehen, in Bewegung bleiben, in der Spur der anderen bleiben...

Wir haben den Mond wieder im Rücken. Gut, daß er uns leuchtet. So wissen wir wenigstens die Richtung, erkennen die Bäume. Die Felswand zur Linken haben wir nun fast umrundet. Sie schimmert silbern im Mondlicht, unwirklich wie eine Bühnenkulisse.

Wir können nicht die ganze Nacht so weitergehen. Irgendwo müssen wir anhalten. Wenn einer nicht mehr weiterkann. Wahrscheinlich werde ich es sein. Wann soll ich das Zeichen geben, wann soll ich sagen: „Ich kann nicht mehr!"? Wann werde ich den Mut haben, meine Schwäche einzugestehen, wann wird meine Schwäche stärker sein als die Kraft, mich selbst zu verleugnen?

Helmut bleibt plötzlich stehen.

„Hat jeder einen Biwaksack?" Es klingt wie ein Scherz. Doch keiner lacht. Jetzt biwakieren? Wie macht man das? Ich habe noch nie im Schnee übernachtet. Für den Notfall hat mir Helmut so einen Perlonsack geliehen. Er hatte zwei. Nur für den Notfall, hatte er gesagt. War das jetzt der Notfall? Werden wir ein Loch graben und uns hineinlegen, die Skier als Unterlage? Oder bauen wir mit den Skiern ein Dach? Der Biwaksack ist für zwei Personen. Zu zweit ist es wärmer, hat Helmut gesagt. Mit wem werde ich im Sack liegen? Wir sind zu fünft. Einer wird allein liegen müssen. Zu zweit in einem Schlafsack liegen, aneinandergeschmiegt in der gemeinsamen Wärme. Hemingway hat das beschrieben in „Wem die Stunde schlägt", Gary Cooper und Ingrid Bergman haben es schön gespielt. Aber wie ist es mit einem Mann? Wenn ich die Wahl hätte, mit wem würde ich schlafen? Ich merke, daß mich der Gedanke nicht berührt. Es ist völlig egal. Nur nicht mehr gehen müssen, nicht mehr die Schmerzen im Rücken, den Druck auf den Schultern, den Körper nicht mehr tragen müssen, mich einfach hinlegen, die Kälte nicht mehr spüren.

Erfrieren soll ein schöner Tod sein. Man spürt gar nichts dabei. Man schläft einfach ein. Es gibt so viele Arten, Selbstmord zu begehen. Ich bräuchte jetzt nur zu sagen, ich kann nicht mehr, bräuchte dann nur zu sagen, ich will allein in dem Perlonsack schlafen, bräuchte dann nur in der Nacht ...

Joka will Helmut ablösen. Doch der gibt die Spur nicht frei, geht unentwegt weiter. „Ein Stück noch", sagt er. „Es geht schon noch."

Ob sich Helmut schuldig fühlt, daß wir den Weg verfehlt haben? Er war es, der uns zu dem ganzen Unternehmen angestiftet hatte, der uns versichert hatte, es werde nicht zu anstrengend sein. Wäre er nicht gewesen, würden wir alle jetzt nicht hier sein und durch die Nacht irren. Der Zwischenfall mit den blau-gelb-blauen Markierungen hatte gezeigt, daß er gar nicht so genau Bescheid wußte, daß er selbst unsicher war. Oder hätten wir doch der Markierung folgen sollen ...?

„Warte mal, Helmut!" ruft uns Edelweiß von ganz hinten zu. Seine Taschenlampe blitzt auf.

Helmut tritt aus der Spur und wartet, bis Edelweiß zu ihm aufgerückt ist. Joka bleibt nicht stehen. Langsam zieht er weiter, tastet sich durch die Dunkelheit. Stehenbleiben, das heißt kalt werden, heißt aufgeben. Er weiß das, und er will nicht aufgeben. Beaver stapft an mir vorbei und folgt ihm. Ich kann nicht mehr. Ich krümme den Rücken, lehne mich nach vorn auf die Stöcke; wenn sie nachgeben, falle ich um. Wenn ich umfalle, bleibe ich liegen. Ich kann nicht mehr.

Edelweiß sagt wieder etwas von Azemut ... Richtung stimmt ... Windskydd ganz in der Nähe ... Es ist mir gleichgültig, was er sagt. Es geht mich nichts mehr an. Ich bin nicht mehr dabei. Ich gebe auf. Ich kann nicht mehr. Keinen Schritt gehe ich weiter. Ich kann nicht mehr. Ich will auch nicht mehr.

„Ein Zaun! Hier ist ein Zaun!" Es ist Jokas Stimme, irgendwo da vorn in der Finsternis zwischen den Bäumen.

Das Wort Zaun hat mit einem Schlag meine Lebensgeister geweckt. Wo ein Zaun ist, da sind auch Menschen. Nur Menschen errichten Zäune. Nur Menschen brauchen Zäune.

„Habt ihr gehört? Ein Zaun!"

„Ja. Wir müssen dem Zaun folgen. Er gehört sicher zur Hütte, zur Windskydd."

„Windskydd, was ist das? Ist das unsere Hütte?"

„Nicht unsere. Aktse liegt am anderen Seeufer. Eine Windskydd ist eine Lappenhütte, für Fischer. Eine Notunterkunft. Sie ist in der Karte eingezeichnet. Wenn wir sie erreicht haben, sind wir gerettet für die Nacht." Erleichterung klingt aus Helmuts Stimme.

„Die Hütte! Haa-lo! Eine Hütte! Hierher!" Joka und Beaver rufen gleichzeitig. „Immer dem Zaun nach!"

Ich folge den Rufen, habe völlig vergessen, daß ich eben noch keinen Schritt mehr weitergehen wollte. Mit dem Knie stoße ich gegen einen Draht. Der Zaun! Jetzt erkenne ich auch die Skispuren von Joka und Beaver.

„Hierher! Hierher!"

Das Unterholz aus Birken, Latschenkiefern und niedrigem Gestrüpp ist plötzlich zu Ende. Im Mondlicht schimmert eine endlose weiße Ebene.

„Der See – der Laitjaure." Helmut steht neben mir und klopft mir auf die Schulter.

„Na, das Schlimmste hätten wir geschafft. Dort vorn ist die Windskydd."

„Bleiben wir da über Nacht?" Es ist keine Frage, ich will nur eine Bestätigung.

*Blick auf Aktse und den Laitjaure mit dem Tjakkeli, dessen Felsmassiv wir in der Nacht umrunden*

„Sicher", sagt er, „wir haben keine andere Wahl." Er stapft voraus. Die Skier sinken tief ein in den lockeren, windverblasenen Schnee.

Joka und Beaver haben ihre Skier bereits abgeschnallt und benutzen sie als Schaufel, um den Eingang der Hütte zu finden.

„Die Tür ist total zugeweht!" stöhnt Joka.

„Die Hütten haben keine Tür", sagt Helmut. „Man muß durch das kleine Loch unter dem Dach hineinkriechen."

Es ist eine Blockhütte, aus dicken Stämmen zusammengefügt. Sie hat die Form eines Dreieckzeltes. Die Umrisse heben sich deutlich gegen die weiße Fläche des Sees ab. Ich schaue hinüber, versuche das andere Ufer auszumachen. Eine dunkle Linie am Horizont, unmöglich, die Entfernung zu schätzen. Ein Flimmern, wie ein Licht. Ein Stern?

„Da drüben ist ein Licht!" Edelweiß hat es auch gesehen. Und dann sehen es alle. „Ja, ein Licht! Das ist die Hütte! Das ist Aktse!"

Das Licht bedeutet, daß Menschen da sind, ein Ofen, Wärme, Geborgenheit. Vielleicht gibt es in Aktse auch einen Hüttenwart, so wie in Parte. Oder es sind andere Touristen da. Wir sind nicht die einzigen Verrückten, das haben wir an den Studenten in Kvikkjokk gesehen.

„Was machen wir? Wie weit ist das wohl?"

„Zwei Kilometer, zweieinhalb, höchstens."

Edelweiß und Helmut wollen weiter. Auch Joka und Beaver stimmen zu. Werde ich gar nicht gefragt? Noch zwei bis drei Kilometer! Das kann eine halbe Stunde sein, eine Stunde, vielleicht auch mehr. Je nachdem, wie der Schnee ist.

Edelweiß ist die wenigen Meter zum Seeufer hinuntergeglitten. „Feste Schneedecke!" ruft er. „In einer Stunde sind wir drüben in der warmen Hütte."

Joka und Beaver haben ihre Skier wieder angeschnallt und folgen der Spur. Helmut wartet, bis auch ich mich in Bewegung setze. Er bildet den Schluß.

Sobald wir aus der Bucht herauskommen, in der die Winskydd liegt, fegt uns ein eisiger Nordwind ins Gesicht. Wir ziehen die Kapuzen der Anoraks über unsere Wollmützen und binden sie zu, daß nur noch die Nase und die Augen herausschauen. Der Schnee ist zwar hart, man sinkt nicht so tief ein, aber er ist verharscht und windgepreßt, holperig wie ein Waschbrett. Die Skier drücken sich nicht ein, bilden keine Spur, rutschen seitlich weg. Es hat wenig Sinn, hintereinander zu gehen. Wir verzichten auf die alte Reihenfolge, schliddern in zwangloser Ordnung nebeneinander her. Das Licht vor uns am anderen Ufer blinkt und flackert wie ein Stern in weiter Ferne. Vielleicht sind Zweige vor dem Fenster, die sich im Winde bewegen. Über dem Licht hebt sich der Schatten eines Bergrückens ab, eine sanft geschwungene Linie, die den Nachthimmel begrenzt, nur einmal unterbrochen von einem kantigen Felsblock. Ich merke ihn mir zur Orientierung.

Im Widerschein des Mondes leuchten weiße Wolkenfetzen. Plötzlich zuckt ein blaues Scheinwerferlicht über den Himmel, beschreibt einen Bogen, krümmt sich zu einem Wirbel, einer Spirale, wechselt ins Grüne, ins Gelbe, wird blau und rosa zugleich.

„Phantastisch!" ruft Edelweiß. „Polarlicht. Habt ihr so was schon mal gesehen?"

„Nein", sage ich. „Unglaublich!" Aber ich muß an Palanza am Lago Maggiore denken. Dort haben sie eine Lichtorgel an der Seepromenade, kombiniert mit Wasserspielen. Im Sommer, in der Saison, gibt es am späten Abend eine Vorführung. Zu Klängen eines Lehár-Walzers steigen die Fontänen auf und nieder und färben sich im Rhythmus der

Musik. Ein Deutscher hat dort die Orgel bedient, der gleiche, der auch am Sonntag in der Kirche spielte.

Wer ist hier der Dirigent dieses Himmelskonzerts, dieses stummen Schauspiels, zu dem auch der See gehört, die gefrorenen Wellen des Sees, die im Mondlicht schimmern, im Polarlicht bunt reflektieren, zu dem auch die fünf Männer gehören, Schatten – Gestalten, stumme Pantomimen?

Etwa zehn Minuten dauert das Schauspiel. Dann ist es vorbei wie ein Spuk.

„Das Nordlicht zu sehen, bedeutet Glück!" ruft mir Helmut zu. „Alter Lappen-Aberglaube! Manche sagen auch, es bringt Unglück. So sind die Lappen!"

Wir sind weitergegangen, den Blick nach oben gerichtet, auf das Naturereignis am Himmel. Als es verschwunden ist, finden wir unser irdisches Licht nicht mehr. Ist es verlöscht? Oder nur durch einen Baum verdeckt? Wir behalten die Richtung bei. Der Felskopf am Berghorizont hilft uns. Dann ist das Licht plötzlich wieder da. Und ein paar hundert Meter weiter links flimmert ein weiteres auf. Oder war es das, welches wir zuerst gesehen hatten? Ich frage die anderen. Haben sie es auch gesehen?

„Nein, wo?"

Habe ich mich getäuscht? Die Bucht mit der Windskydd ist nicht mehr zu erkennen. Wir drängen weiter. Trotz Erschöpfung, trotz Schmerzen in den Beinen, den Füßen, den Armen und Schultern, trotz der Kälte, die den Atem gefrieren läßt, trotz des Windes, der in den Augen beißt – wir drängen vorwärts wie Tiere, die den Stall riechen.

Das Licht scheint endgültig verschwunden. Vielleicht ist der Hüttenwart nun zu Bett gegangen oder wer sonst in der Hütte haust. Touristen oder wieder ein Lappe, so wie in Parte. War das überhaupt ein Hüttenwart gewesen, dieser graue Trunkenbold? War es nicht vielleicht ein entsprungener Sträfling, der sich dort verborgen hielt? Sein Gesicht war so blaß, so aschgrau gewesen, als habe es lange keine Sonne gesehen. Je mehr ich darüber nachdenke, um so mehr denke ich, daß mit dem Mann etwas nicht stimmte. Die Frage nach der Polizeistation in meinem Wörterbuch hatte ihn besonders interessiert. Nein, ein Hüttenwart war er bestimmt nicht. Und wer würde jetzt in der Hütte von Aktse auf uns warten? Edelweiß hatte ein paarmal mit der Taschenlampe geleuchtet. Hat der Mann deshalb das Licht ausgelöscht? Glaubt er, eine Polizeistreife kommt, um ihn zu holen? Verrückte Gedanken kreisen in meinem Hirn. Vielleicht ist doch alles ganz anders.

Der Schnee wird mit einemmal tiefer. Wir haben das andere Ufer erreicht. Unsere Skier sinken ein in eine Kruste aus Schnee und gefrorenem Schilf. Joka pflügt voran. Ich reihe mich hinter ihm ein, die anderen folgen in der Spur. Das Licht ist nicht mehr zu sehen. Das Ufer steigt steil an.

Laut Karte liegt die Hütte etwa zweihundert Meter vom Ufer entfernt, sagt Edelweiß. Wir zwängen uns durch Sträucher und Kieferngestrüpp aufwärts. Joka legt Spitzkehren ein, um besser voranzukommen. Unsere Zickzackspur führt immer tiefer in den Wald hinein. Auch der Bergrücken und die Felsnase, an der wir uns orientiert hatten, sind nicht mehr zu sehen. Der Mond wird von Wolken verdeckt. Es ist finstere Nacht.

Hinter mir ein Aufschrei, ein Fluch.

„Was ist los?"

Helmut ist bei einer Spitzkehre eingesackt, hat sich mit dem ganzen Gewicht auf seinen Stock gestützt – und der Stock ist gebrochen!

„So ein Mist!" schimpft er. „Auch das noch!" Nur mit einem Stock als Hilfe stapft er weiter.

„Die Richtung stimmt nicht", ruft Edelweiß. „Wir sind verkehrt! Wir müssen weiter links!"

Joka ist stehen geblieben. Wir überlegen, ob wir weiter hinaufsteigen sollen. Mir war so, als hätte ich einmal kurz ein Licht durch die Zweige schimmern sehen, aber es kann auch ein Stern gewesen sein. Ich bin mir selbst nicht sicher. Edelweiß gleitet seitlich den Hang entlang.

„Da ist das Licht!" ruft er. „Von hier kann man es sehen. Mir nach!"

Tatsächlich, schon nach wenigen Schritten ist deutlich das Licht zu erkennen. Es ist aber viel weiter links und nicht so weit oben, wie wir dachten. Edelweiß hat seine Taschenlampe eingeschaltet und schwenkt sie über seinen Kopf.

„Haaa-lo! Haaa-lo!" ruft er. Und dann stimmen wir alle im Chor mit ein und rufen, und dann lauschen wir in die Nacht.

„Hört ihr? Ein Motorschlitten!"

Man hat uns gehört, man hat uns gesehen, man erwartet uns, man kommt uns entgegen! Die Angst, das Gefühl des Verlorenseins in einer kalten, menschenleeren Wüste weicht einem Gefühl der Dankbarkeit und Wärme für die Mitmenschen, die die Einsamkeit mit uns teilen, die kommen, um uns zu helfen.

Wieder bleiben wir stehen und lauschen. Das Motorengeräusch ist verstummt. Oder doch? Nein, das ist kein Motor. Das ist mein eigener Skistock! Grrr ... grrrr ... In den Schnee gebohrt, verstärkt das Bambusrohr das Knirschen des Schnees bei der kleinsten Bewegung. Wir verhalten uns ruhig. Kein Geräusch ist zu hören. War es wirklich eine Täuschung? Und wo ist das Licht? Immer wieder verschwindet es, aber wir wissen jetzt, daß es Zweige sind, die es verdecken. Und dann stehen wir vor einem

Holzzaun, und das Licht ist ganz nahe. Wir können sogar die Hütte erkennen. Wie gebannt schauen wir zu dem erleuchteten Fenster hin.

Der Reihe nach turnen wir über den Zaun, mit den angeschnallten Skiern und durch den Rucksack behindert ist das eine artistische Leistung. Wir gehen am Zaun entlang und stoßen nach wenigen Metern auf einen Weg, eine festgefahrene Schlittenspur, die durch ein Gatter zum See hinunterführt. Die Kletterei hätten wir uns sparen können, denke ich. Der Weg führt uns zur Hütte. Das Licht ist eine Karbidlampe. Grell strahlt sie durch das nackte, schmucklose Fenster.

„Haa-lo! Haaa-lo!"

Wir müssen mehrmals rufen; bis der Schatten eines Mannes für einen Augenblick hinter der Scheibe auftaucht. Er verschwindet wieder, und es dauert noch eine Weile, dann wird die Türe aufgestoßen. Es ist aber nicht der Mann, sondern eine Frauengestalt, die uns aus dem erleuchteten Türrahmen anstarrt.

„Guten Abend! Good evening, god natt." Unsere Begrüßung ist ein wenig hilflos. „Ist das die Touristenhütte? Aktse-Stuga?"

„No. Not here." Die Frau beugt sich vor, um uns näher betrachten zu können. Dann fragt sie, woher wir kommen. „From Jokkmokk" ... „from Germany" ... „from Parte", hallt es ihr entgegen.

Nach unserer erneuten Frage nach der Aktse-Hütte schüttelt sie den Kopf. Nein, die Hütte sei weiter oben, etwa zweihundert Meter den Hang hinauf. „Wait", sagt sie und hebt den Arm zum Zeichen, daß wir warten sollen. „It ist open. I show you." Sie verschwindet, kommt aber gleich wieder mit einer Pelzjacke und einem Kopftuch, das sie sich umbindet. „Follow me", sagt sie und stapft in dem knirschenden Schnee der Schlittenspur voran, um die Hütte herum, bis wir erneut an den Zaun kommen. Sie schiebt ein Gatter zur Seite, läßt uns hindurch und schließt es wieder. „Just follow the track. You can't miss it."

Wir bedanken uns auf Englisch und Deutsch. Edelweiß sagt: „Tak sä mycket", das einzige Schwedisch, das er beherrscht. Ich sage: „Thank you very much, madam," verleitet durch das perfekte Englisch, das die Frau sprach. Dabei kommt mir das „madam" selbst komisch vor. Es paßt nicht zu der vermummten Gestalt mit den zerzausten Haaren.

Später erfahren wir, daß sie Engländerin ist und seit Jahren mit einem Lappen hier in der Hütte zusammenlebt. Der Lappe ist der Fährmann, der im Sommer die Touristen mit dem Boot ans andere Ufer bringt.

Dann stehen wir vor unserer Hütte. Sie ist unverschlossen wie fast alle diese Unterkünfte der „Svenska Turistföreningen", vergleichbar mit unserem Alpenverein. Alles ist finster, kein Laut, keine Menschenseele. Die Hütte ist leer und eiskalt.

Ich bin aus der Skibindung gestiegen, habe den Rucksack fallen lassen und bin hinter Joka hineingewankt. Mit der Taschenlampe leuchtet er den Raum ab. Umrisse eines Tisches, einer Eckbank, einiger Stühle und Hocker. Ein Ofen. Auf dem Tisch ein Kerzenstummel. Joka entzündet ihn. Flackerndes Licht. Es riecht bitter nach Ruß, nach kaltem Rauch.

Ich sinke auf die Eckbank, lege den Kopf auf den Tisch zwischen die Arme. Mir wird schwindlig. Ich bin nicht mehr fähig, mich zu bewegen. Wie durch eine Wand hindurch höre ich die anderen hereinkommen, hin und her gehen, Stühle rücken, am Ofen klappern, Holz spalten, Feuer machen, Eimer mit Schnee hereintragen.

Ich will aufstehen, will ihnen helfen. Alles dreht sich vor meinen Augen. Mich fröstelt. Ich muß mich hinlegen. Gleich werde ich umfallen. Es ist ein Nebenraum da mit Doppelstockbetten. Helmut leuchtet hinein. Ich schleppe mich zum ersten Bett, lasse mich hineinfallen.

Wie lange ich da gelegen habe, weiß ich nicht. Vielleicht waren es nur Minuten, vielleicht war es auch länger. Hustenreiz weckt mich auf. Durch den Raum wälzt sich beißender Rauch.

„Scheißofen!" höre ich von nebenan. „Mach das Fenster auf! Und die Tür! Wir ersticken ja."

„Lieber erstickt als erfroren."

„Laß durchziehen! Dann brennt auch das Feuer besser."

Ich raffe mich auf. Helmut und Edelweiß hocken am Tisch. Sie haben noch ihre Anoraks an, die Kapuzen über den Ohren. Vor ihnen dampft der Kessel auf dem Gaskocher. Joka und Beaver kämpfen mit dem qualmenden Ofen.

„Einen Schluck Tee?" Helmut hält mir einen Becher hin.

„Danke." Ich ziehe die Handschuhe aus. Die heiße Tasse tut gut an den Fingern. Es ist ein dünner, lauwarmer Hibiskustee, aber er tut seine Wirkung. Im Nu bin ich belebt. Noch ein Schluck, noch einer. Die Wärme steigt aus dem Magen hoch, rinnt durch alle Glieder, bringt das Gehirn wieder in Gang.

An der Hüttenwand neben Helmuts Kopf hängt ein Thermometer. Es zeigt acht Grad Kälte.

„Schön warm", sagt Edelweiß grinsend. „Draußen hat es unter zwanzig."

Die Hüttentür steht offen. In dicken Schwaden wälzt sich der Qualm hinaus. Ich gehe nach draußen. Im Windfang stehen unsere Skier, auch meine. Jemand hat sie fein säuberlich nebeneinander an die Wand gelehnt. Auch mein Rucksack liegt da.

*In der Hütte von Aktse: Das Thermometer zeigt 8 Grad minus. Joka, Edelweiß, Beaver (v. l. n. r.)*

„Komm mit, Holz holen." Beaver, der emsige Biber, tastet sich in der Dunkelheit zum Schuppen, der hinter der Hütte liegt. Ich folge ihm. Neben einem Hackklotz türmt sich ein Haufen frischer Holzscheite. Zweimal gehen wir hin und her, damit der Vorrat für die Nacht reicht.

Der Ofen qualmt noch immer, aber wir schließen trotzdem Tür und Fenster. Wir wollen es endlich warm haben. Der Schnee in den Wassereimern beginnt sich langsam zu setzen. Die Ofenplatte zischt. Edelweiß hat eine zweite Kerze angezündet und macht Eintragungen in sein Fahrtenbuch.

„Das war die längste Etappe, heute", sagt er. „Von jetzt ab wird es gemütlich."

Beaver läßt ein meckerndes Lachen hören. „Morgen geht's zum Sitojaure. Wieviel Kilometer sind das?"

„Dreizehn Kilometer", sagt Edelweiß.

„Mit oder ohne Azemut?" Jokas Bemerkung bringt alle zum Lachen. „Man wird ja noch fragen dürfen."

„Ihr braucht gar nicht zu lachen. Meine Berechnung hat genau gestimmt."

„Der Azemut!" kichert Joka vor sich hin und stochert im Ofen, der noch immer nicht recht brennen will. „Der Azemut ..."

„Wir haben morgen nur einen kurzen Anstieg, gleich von der Hütte weg geht es hinauf auf den Bergrücken. Zwei Drittel der Strecke sind dann Abfahrt, langsames Gefälle. Kein Problem." Er schreibt weiter in seinem Büchlein. Was schreibt er? Nur Zahlen, Zeiten, Fakten, oder hält er auch persönliche Eindrücke fest, Gedanken, Empfindungen? An was die anderen wohl denken? Vielleicht, wie schön es jetzt wäre, daheim am gedeckten Tisch zu sitzen, in der warmen, gemütlichen Wohnung. Oder genießen sie, wie es jetzt ist: die Erschöpfung, die kalte, verräucherte Bude, das trockene, verkrümelte Brot, die gefrorene Margarine, den speckigen, verschmierten Tisch, die Männergesellschaft, das banale Gerede? Genießen sie diese Sachlichkeit, die keinen Platz läßt für Gefühle, dieses Bewußtsein von Kraft, die sich bewährt hat, die auch im Erschöpftsein noch da ist, sich schon wieder sammelt?

Mich fröstelt. Die belebende Wirkung des Tees ist verflogen. Zum Essen bin ich zu müde.

„Ich gehe schlafen", sage ich und schleppe meinen Rucksack in eine Ecke.

Helmut kommt mit in den Nebenraum und leuchtet die Betten ab. Auf jeder Pritsche liegt eine Wolldecke. Sie sind klamm, stinken nach Ruß und nach Schweiß.

„Immer noch besser als draußen zu schlafen, im Biwaksack", brummt Helmut. Er schält sich aus seinem Anorak, knöpft die Gamaschen auf.

Ich schaue ihm zu, wie er sich den Perlonsack zurechtlegt und die Wolldecke darüberbreitet, und mache es ihm nach. Dann ziehe ich auch meinen Anorak aus, zerre die nassen Schuhe von den Füßen, gehe noch einmal in die Stube hinüber, um die Schuhe wie Helmut an den Schnürsenkeln über dem Ofen aufzuhängen, krieche dann in meinen Perlonsack, ziehe ihn über den Kopf, schließe die Augen, lasse mich in die Dunkelheit eines tiefen, traumlosen Schlafes fallen.

# Auf den Spuren des Carl von Linné. Aufstieg zur Baumgrenze und Abfahrt zum Sitojaure

O ENS ENTIUM miserere mei!!! – Allmächtiger, erbarme Dich meiner!!!

Dieser Stoßseufzer mit drei Ausrufezeichen steht als Motto dem Tagebuch voran, das Carl von Linné 1732 über seine Lapplanddurchquerung schrieb. Es ist die älteste zuverlässige Beschreibung des nördlichsten Teiles des europäischen Kontinents und seiner Bewohner. Ich hatte das Buch vor Beginn unserer Reise gelesen.

„Die Kleider waren ein kleiner Rock aus westgötischem Zeug", schreibt er, „ohne Saum, mit kleinen Aufschlägen und Kragen aus Wollplüsch. Hosen recht artig aus Leder, Zopfperücke. Kapuze aus Basthanf; Schnürstiefel an den Füßen. Eine kleine lederne Tasche, eine halbe Elle lang, etwas kürzer in der Breite, aus weißgegerbtem Leder, mit Ösen auf der einen Seite, sie festzubinden und sich umzuhängen; darin waren eingepackt: 1 Hemd, 2 Paar Halbärmel, 2 Nachtjacken, Tintenfaß, Federbüchse, Mikroskop, Perspektiv, Florhaube, um sich der Mücken zu erwehren ... Eine große Zahl gehefteten Papiers ... ein Kamm. Der Hirschfänger saß an der Seite und ein kleines Pistol zwischen Schenkel und Sattel ..."

Der schwedische Gelehrte und späterer Begründer einer neuen Botanik war damals fünfundzwanzig Jahre alt und Student in Uppsala. Er unternahm seine Forschungsreise im Sommer, zu Pferd von Uppsala aus, die Küste des Bottnischen Meerbusens entlang nach Norden bis zur Stadt Lulea, bog dann, nach Überschreitung des Polarkreises, ins Landesinnere ab, kam bis Jokkmokk und Kvikkjokk, wo das Gebirge begann.

Von Jokkmokk aus erreichte Linné den Randijaure-See. „Von ihm aus sahen wir nichts anderes mehr als hohe Berge, stumpfkeglig und langgestreckt, deren Gipfel einer über den anderen hinwegsah, und auf dem entferntesten lag noch Schnee, wenngleich auch ein Frühlingsschnee, halb abgeschmolzen schon ...

Purkijaur ist eine knappe Meile lang. An seinem jenseitigen Ufer ragt ein hoher, spitzer Berg, Archikoivi oder Tornberget (heißt Donnerberg) empor, auf dessen Gipfel die Lappländer früher um Rensegen opferten. Nun vom Blitz abgebrannt. An der Westseite des Sees wohnt ein Lappländer, und von dort aus war es nicht ganz eine Viertelmeile Landwegs zum nächsten See, Skalk genannt ... Als ich mich auf dem See Skalk etwa eine Meile vor Kiomitis befand, öffneten sich im Nordwesten die Berge, durch welche man aus zehn bis zwanzig Meilen Entfernung eine weißschimmernde Gebirgskette gewahrte, die jedoch von der Stelle, an der ich stand, nicht mehr als eine Meile entfernt schien. Die Gipfel dieses Gebirges reichten bis in die Wolken, und wahrhaftig, das Ganze glich eher einer weißen Wolkenkette, die aus dem Horizont hochsteigt, denn einem Gebirge ... Abends langte ich in Kiomitis an und sah hier, auf dem Gipfel des hohen Berges Harrevarto, *solem inocciduum* (die Mitternachtssonne). Ich hielt dieses Schauspiel nicht für das kleinste Mirakel der Natur, und welcher Bewohner eines anderen Landes sollte nicht wünschen, solches zu sehen? O Herr, wie wunderbar doch Deine Werke sind!"

Den gleichen Weg, den der junge Linné vor fast 250 Jahren gewandert war, sind wir vor drei Tagen mit dem Auto gefahren. Bis Jokkmokk hatte uns die Bahn gebracht. Von dort sollten wir am nächsten Morgen um fünf Uhr mit dem Postbus weiter nach Kvikkjokk.

Aber wir wollten nicht warten. Ob es nicht jetzt am Nachmittag noch eine Möglichkeit gebe, fragten wir am Bahnhof. Der Beamte schüttelte den Kopf. „I morgon, precis klockan fem!" wiederholte er und zeigte die fünf Finger seiner Hand.

Wir mußten uns nach einer Übernachtung umsehen. Die Straße vom Bahnhof zum Ort war dick mit Schnee bedeckt. Schon in Kiruna war mir aufgefallen, daß man hier offensichtlich nicht mit Salz streute. Eine Frau mit einem Schlitten glitt die Straße hinunter. Der Schlitten war ein Stuhl auf zwei langen, schmalen Stahlschienen. Die Frau stand mit einem Fuß auf der Kufe, mit dem anderen schob sie sich vorwärts. Weiter im Ort begegneten uns mehrere solcher Schlitten, und meist waren es Frauen, die damit herumfuhren, ihre Einkaufstaschen vorn auf dem Stuhl. Ein lustiges Bild.

*Der Sitzschlitten mit den langen Eiskufen ist ein ortsübliches Fortbewegungsmittel*

Wir kamen an einem Taxistand vorbei. „Wir können ja mal fragen, was es kostet", sagte Edelweiß. Die Fahrer saßen in einem Schuppen neben einem Zeitungskiosk. Wir konnten sie durch ein halboffenes Schiebefenster sehen. Edelweiß beugte sich zu dem Fenster hinein. „Taxi. Kvikkjokk. Wieviel kosten?" radebrechte er.

Die Männer verstanden nicht recht, was er wollte, bis schließlich einer von ihnen etwas sagte, was wir wiederum nicht verstanden. Er schrieb es auf einen Zettel und reichte ihn durchs Fenster. 300,- lasen wir.

„Dreihundert Kronen! Das ist ja Wucher!" sagte Joka.

„Wieviel Kilometer?" Auch diese Frage mußten wir mehrmals wiederholen, bis sie begriffen. 140 km, sagte uns der Zettel. Wir überlegten, daß wir für die Übernachtung hier mehr bezahlen würden als in der Jugendherberge von Kvikkjokk, und daß uns die Busfahrt am nächsten Morgen ja auch etwas kosten würde, und beschlossen, das Taxi zu nehmen. Aber Beaver konnte es nicht lassen, wollte noch um den Preis feilschen.

„Zu teuer!" rief er zu dem Fenster hinein. „250, twohundredfifty! Understand?"

Der Mann, der mit uns verhandelt hatte, schaute uns verständnislos an, dann lachte er verlegen.

„Wir sind doch nicht in Italien!" sagte ich zu Beaver. „Die hier lassen nicht mit sich handeln."

„Warum? Versuchen kann man's doch."

Als der Mann aus dem Schuppen heraustrat und sah, daß wir fünf Personen waren mit fünf Riesenrucksäcken und fünf langen Skiern, wollte er überhaupt nicht mehr. Schließlich mußten wir froh sein, daß er nachgab und daß sein Taxi ein Combi-Wagen war, in dessen Gepäckraum vier Rucksäcke Platz hatten. Der fünfte und die Skier kamen aufs Dach. Dann zwängten wir uns hinein, drei vorn, drei hinten. Ich saß vorne zwischen dem Fahrer und Helmut, und wenn der Fahrer schalten wollte, mußte ich jedesmal eine Verrenkung machen, damit er den Ganghebel bewegen konnte. Die Straße führte ständig an Seen entlang, Parkijaure, Randijaure, Skalka, Saggat – wie Linné es beschrieben hatte.

Als wir so in die Abendsonne hineinfuhren und die Berge immer näher kamen, erinnerte ich mich an die Schilderungen, und ich konnte mir vorstellen, wie es damals im Sommer gewesen sein mußte. Und ich erinnerte mich an die Stelle, wo Linné schreibt:

„... keiner kann im Winter übers Gebirge reisen:
1. ist es so kalt, daß es niemand aushalten kann.
2. halten sich die Rentiere nicht im Gebirge auf, sondern im Wald, wo sie Futter finden.
3. kann ein Rentier nicht übers Gebirge, denn es ist zu weit.
4. kann man nicht genug Kleider mitnehmen, die wärmen, und Speise, um sich zu nähren.

Also reist man im Herbst oder im Sommer..."

Wir aber reisten im Winter. Auf Rentiere waren wir nicht angewiesen, und auch sonst hatten sich die Zeiten geändert. Wir fühlten uns sicher und konnten es gar nicht erwarten, endlich aus dem engen Auto herauszukommen, uns in diese Winterlandschaft zu werfen, die uns gerade wegen ihrer Wildheit und Verlassenheit so anzog.

„... mir schien, als sei ich in eine neue Welt geraten, und als ich hinaufstieg, wußte ich nicht, ob ich in Asien oder Afrika sei, denn alles, der Erdboden, die Lage und alle Pflanzen, waren mir unbekannt..." Die gleiche Faszination hatte zwar uns auch ergriffen, aber für den abenteuerlichen Wanderer von damals, der im Sommer zum erstenmal schneebedeckte Berge aus der Nähe sah und betrat, war das Erlebnis noch größer gewesen.

„Der kalte Ostwind saß uns im Nacken, zwang uns, sehr auf unsere Hände zu achten, wir mußten einen Mantel anlegen. Wir gingen an der Nordseite des Berges und wurden vom Wind so getrieben, daß wir das eine ums andere Mal hinkollerten, lange Stücke des Berges wieder hinunterrutschten, ja, einmal purzelte ich einen Büchsenschuß weit, gelangte fast an einen Abgrund, und damit hätte die *comoedie* ein Ende gehabt; so sehr ging der Wind. Der Regen, der von den Seiten auf uns fiel, war eisig, bildete an Schuhen und Rücken eine Eiskruste, und hätten wir diesen Wind wider uns gehabt, wir hätten einen so langen und beschwerlichen Weg nicht durchgestanden..."

Als ich das zu Hause gelesen hatte, da war mir der prophetische Sinn dieser Schilderungen nicht aufgegangen. Nie wäre mir der Gedanke gekommen, daß wir das alles selbst erleben sollten, viel härter noch, nicht als *comoedie*, sondern als bittere, rauhe, eiskalte Wirklichkeit.

Im Vorwort zu Linnés Buch hieß es, Goethe habe einmal bekannt, er sei nach Shakespeare und Spinoza von Linné am stärksten beeindruckt worden. Es blieb allerdings unklar, ob dieser starke Eindruck nicht eher auf den Naturforscher und Botaniker zurückging, als auf den literarischen Autor Linné. Mich jedenfalls beeindruckte das Schlichte und die sprachliche Unbekümmertheit am meisten.

Am Morgen nach der Nacht in der verräucherten Hütte von Aktse bin ich der erste, der aufsteht und Feuer macht. Ich will, daß es warm ist in der Hütte, wenn die anderen aufstehen, will, daß das Wasser kocht, Tee auf dem Tisch steht, will Versäumtes nachholen von gestern, will beweisen, mir selbst und den anderen, daß ich wieder voll da bin, daß auf mich Verlaß ist, daß ich brauchbar bin, den anderen von Nutzen, daß ich zur Gruppe gehöre, ein vollwertiges Mitglied, nicht eine Last. Der Ofen ist noch warm, doch die Glut ist erloschen. Ich schäle dünne Späne von einem Holzscheit. Die Gelegenheit, Feuer zu machen, muntert mich auf. Es ist lange her, seit ich ein Ofenfeuer angezündet habe. Ich kauere am Boden, schiebe Papier und Holz nach und puste in die spärlich flackernden Flämmchen. Es qualmt schrecklich, immer wieder ersticken sie. Endlich schaffe ich es doch: Die Ofenplatte wird warm.

Inzwischen sind auch die anderen munter geworden. Einer nach dem anderen schält sich aus seinem Schlafsack. Noch gibt der Ofen nicht viel her, aber meine Bemühungen werden gelobt. Es fallen nicht viele Worte, doch das Gefühl der Fremdheit, das anfangs noch zwischen uns lag, schwindet allmählich.

„Wie ist die Stimmung der Truppe?" Edelweiß kann seine Sprüche nicht lassen.

Alle sind noch müde, aber wir fühlen uns dennoch wohl. Wir frühstücken gemeinsam, doch jeder auf seine Art. Edelweiß rührt sich Haferflocken mit Trockenmilch an, Beaver umgibt sich wieder mit Schachteln und Dosen, klappert und raschelt und kaut, aber man sieht nicht, was er eigentlich ißt. Auch in der Gruppe bleiben wir Individualisten. Jeder hat seinen eigenen Proviant. Nur für das warme Essen am Abend in der Hütte steuern wir gemeinsam etwas bei, Dosen und Trockenverpflegung zum Aufweichen. Wäre es nicht zu umständlich, gäbe es sicher auch zum Frühstück unterschiedlichen Tee und Kaffee. So begnügen wir uns aber mit einem Gemisch aus Malven- und schwarzem Tee.

Das Thermometer in der Hütte ist inzwischen auf Null Grad geklettert. Doch die Schuhe über dem Ofen sind noch immer kalt und feucht. Das Anziehen ist eine mühe-

*Aufbruch von Aktse, einer der typischen Hütten der „Svenska Turistföreningen" (STF)*

volle Prozedur. Joka stöhnt. Er hat bereits Blasen an den Füßen.

Helmut hat schon begonnen, die Hütte aufzuräumen, den mühsam beheizten Ofen wieder sauberzumachen. Ich helfe ihm, hole den Besen aus dem Windfang, kehre zusammen. Dann gehen wir alle hinaus, weil Helmut ein Foto von uns und der Hütte machen will. Es ist wärmer geworden. Das Thermometer zeigt außen nur noch zehn Grad unter null. Gestern waren es zwanzig gewesen. Im Osten zieht eine Wolkenwand herauf.

Edelweiß deutet über den See. „Da drüben liegt die Bucht mit der Windskydd!" Er hat ein kleines, zusammenschiebbares Fernrohr. Plötzlich setzt er das Glas ab und reicht es Helmut. „Sieh dir das einmal an! Rechts von der Bucht! Die dunklen Flecken, siehst du die?"

„Ja. Das ist offenes Wasser. Vielleicht zehn Meter, zwanzig Meter von der Stelle entfernt, wo wir über den See gelaufen sind."

„Laß sehen!" Auch Joka schaut hinüber, gibt dann das Fernglas an Beaver weiter.

„Da haben wir vielleicht Glück gehabt! Um ein Haar, und wir wären hintereinander ins Wasser gelatscht. Im Finstern! Zack weg! Gluck, gluck!" Beaver gibt mir das Glas.

Wahrscheinlich war in der Windskydd-Bucht auch wieder ein Zufluß, und die Strömung hielt das Eis offen. Ich kann die Stelle deutlich erkennen, jetzt im Sonnenlicht. Gestern nacht hatte es wie Schatten der Wolken ausgesehen. Und wir hatten ständig nach oben geschaut, das Nordlicht bewundert, waren weitergegangen, immer den Blick himmelwärts, fasziniert von dem Wunder. Ein Wunder, daß wir nicht ertrunken sind!

Die nachträgliche Entdeckung der Gefahr, der wir mit knapper Not entkommen sind, lähmt die Aufbruchsstimmung. „Wir müssen viel vorsichtiger sein..." „Wir hätten gewarnt sein müssen..." „Das hätte wirklich ins Auge gehen können..." „Nie wieder bei Nacht über einen See..."

Helmut hat ein Bambusrohr gefunden, an das er den Teller seines zerbrochenen Skistockes montiert. Joka hilft ihm dabei. Er ist der handwerklich Geschickteste.

Um halb zehn Uhr ziehen wir los. Ein letzter Blick zurück auf die verräucherte Hütte. Wahrscheinlich gehörte nur der Kamin gesäubert, aber niemand fand sich, das zu tun. Aus der Hütte des Fährmanns steigt Rauch auf. Hat die Engländerin Feuer gemacht? Vielleicht kniet sie auch so vor dem Ofenloch wie ich heute früh. Der Mann, den wir nur kurz durch das Fenster gesehen hatten, scheint ein Lappe zu sein. Man sagt, die Lappen behandeln ihre Frauen wie die Indianer ihre Squaws, als Dienerinnen. Ob das stimmt? Ich hätte mich gern mit der Frau unterhalten. Sie hätte mir sicher einiges erzählen können über das Leben hier oben im Norden. Es muß einen besonderen Reiz haben, ich ahne es. Und sicher könnte sie mir auch etwas über die Lappen berichten, etwas Authentisches. Was ich über dieses Naturvolk gelesen habe, ist so widersprüchlich. Je weiter wir nördlich des Polarkreises vordringen, um so größer wird meine Neugier und mein Wunsch, mehr über dieses Nomadenvolk zu erfahren.

Wir gehen wieder in der gewohnten Reihenfolge. Beaver macht den Ersten, dann folgen Edelweiß und Helmut, und vor mir Joka. Ich lasse mir absichtlich Zeit, bleibe von Anfang an zurück. Das Tempo der anderen ist mir zu schnell. Ich muß Kraftreserven sparen.

Aktse liegt auf 600 Meter Höhe, hat Edelweiß gesagt. Der Bergrücken vor uns ist 1000 Meter hoch. Wir brauchen aber nur bis zu einem 900 Meter hohen Sattel aufzusteigen. Trotzdem, dreihundert Höhenmeter sind zu überwinden. Im Sommer oder bei normalen Verhältnissen, ohne schweres Gepäck, wäre es sicher auch für mich kein Problem. Aber nach der Anstrengung von gestern ahne ich nichts Gutes. Wir hätten auch den Sommerweg gehen können, die direkte Verbindung von Aktse zum Sitojaure, den Kungsleden. Der Weg wäre noch kürzer und wahrscheinlich auch markiert gewesen. Aber auch steiler, vor allem die Abfahrt auf der anderen Seite des Sattels.

Beaver arbeitet sich in Spitzkehren durch den niederen Nadelwald empor. Wieder sinken wir tief ein. Für mich als dem letzten in der Spur ist es am leichtesten. Trotzdem komme ich langsamer voran. Der Abstand zu Joka wird immer größer. Ich muß versuchen, wieder meinen Rhythmus zu finden, den Körper sich selbst überlassen, die Beine, die Muskeln, die Arme, den Rücken. Nicht auf die Herzschläge lauschen, den Puls in den Schläfen, nicht auf das eigene Schnaufen, den stoßenden Atem aus offenem Mund. Das alles nicht mehr beachten. Auch nicht darüber nachdenken. Die Gedanken davonfliegen lassen, unkontrolliert. Nur so werde ich es schaffen. Nur so komme ich über den Berg.

Es beginnt leicht zu schneien. Nach einer halben Stunde etwa haben wir die Baumgrenze erreicht. Sie liegt hier etwa tausend Meter niedriger als bei uns in den Alpen. Und die Berge sehen höher aus. Die Zweitausender-Gipfel wirken wie Dreitausender. Ich schaue zurück über den Wald, über den Laitjaure zur Windskydd-Bucht und erkenne in der Ferne den Bergwald, durch den wir uns gestern gekämpft haben. Die drohende Felswand, an der wir uns orientiert hatten und die im Mondlicht wie eine Kulisse gewirkt hatte, sie sieht jetzt, von hier, gar nicht mehr so gewaltig aus.

Die anderen sind weitergestiegen. Der Wind hat den Schnee zusammengepreßt. Wir sinken nicht mehr ein. Helmut zieht die Spur jetzt senkrecht in der Fallinie hinauf. Die künstlichen Fellstreifen an der Lauffläche unserer Tourenskier bewähren sich. Die Skier finden Halt, rutschen nicht zurück. Aber das Steigen strengt an, erfordert Kraft in den Beinen. Schritt für Schritt kämpfe ich mich vorwärts. Der Abstand zur Gruppe wird immer größer.

Joka hat seine Skier abgeschnallt und auf die Schulter genommen. Zu Fuß kommt er schneller voran. Schon hat er die anderen überholt. Warum rennt er so? Warum gehen die anderen nicht langsamer? Woher nehmen sie nur die Kraft? Ihre Rucksäcke sind doch noch schwerer als meiner.

Immer öfter mache ich Pause, verschnaufe, krümme den Rücken, um die Schultern zu entlasten, warte, bis der dröhnende Puls in meinem Kopf nachläßt, bis ich wieder Luft in die Lungen bekomme. Der Wind hat zugenommen. Er kommt wieder von Norden, bläst ins Gesicht, fegt den Schneestaub vor sich her, den Berghang hinab. Wie Triebsand. Oder Treibsand. Trockener Schnee ist wie Sand. Der Wind bläst ein Muster hinein, wie auf einer Düne. Es sind geschwungene Rillen, alle im gleichen Abstand, gleich tief und gleich hoch. Wie kleine Wellen. Wenn der Wind über ein stilles Wasser fegt und sich die Oberfläche kräuselt, sieht es auch so aus. Der Wind ist ein Künstler. Aus Wasser, aus Schnee und aus Sand formt er die gleichen Figuren. Und er kann sie auftürmen zu Dünen, zu Wächten und Wogen. Auch die Wolken am Himmel kann er so zeichnen. Meine Skier pressen sich in das Muster wie meine Gedanken.

Um besser voranzukommen, schnalle ich schließlich auch ab. Es scheint tatsächlich leichter zu gehen. Doch nur wenige Meter. Der Wind drückt die Skier über der Schulter zur Seite, wie ein Segel. Ich gehe seitlich zum Hang, suche die Spuren von Jokas Sohlen, benutze sie als Tritte. Schon geht es leichter. In einer Spur gehen, auch wenn es nur der Hauch von einer Spur ist, ein Sohlenabdruck im Schnee, und schon bin ich nicht mehr allein, werde gezogen, geführt, geleitet. Manchmal fehlt ein Fußabdruck, ist schon verweht. Je größer der Abstand wird, um so schwächer werden sie im Schnee. Der Wind bläst sie fort, deckt sie zu. Nach einer Viertelstunde wird niemand mehr wissen, daß hier jemand gegangen ist. Wer wird es auch wissen wollen? Niemand würde uns suchen. Wochenlang würde es dauern, bis man uns vermißte.

Wo wurden wir zuletzt gesehen, würde man fragen. Die fünf deutschen Touristen, die Verrückten, die im Winter übers Gebirge wollten, über den Kungsleden zum Kebnekaise. Der graue Hüttenwart in Parte würde sich erinnern. Aber vielleicht würde er nichts sagen. Die Engländerin in Aktse? Sie würde mit der Achsel zucken. „Ja, da waren fünf Männer aus Deutschland. Einer sagte ‚madam' zu mir." Das wäre wohl alles, woran sie sich erinnerte. Ihr Mann hatte nichts gesehen. Er bräuchte mit seinem Motorschlitten gar nicht erst loszufahren, wir würden ihn trotzdem sehen, einmal von hier, einmal von dort. Wir würden von ihm träumen wie vom Nikolaus, der mit seinem Schlitten durch die Wolken fliegt. Kein Motorschlitten, nein, Schimmel müssen es sein, kein Motorgeknatter, nein, Glöckchengebimmel . . .

Glauben die Lappen auch an den Weihnachtsmann? Sie sind ja Christen, recht fromme sogar, heißt es. Ob das stimmt? Alle Lappen haben Schnapsgesichter, sind dem Alkohol verfallen, sagen andere. Wie reimt sich das zusammen? Ich kann mir vorstellen, daß es ihnen ähnlich ergangen ist wie den Indianern. Man hat ihnen das Christentum gebracht und danach den Alkohol. In der Kälte hier oben im Norden kann einem ein Schluck aus der Flasche schon guttun. Wir merken es selber. Beaver und Joka haben „Flachmänner" dabei, schmale Brustflaschen mit Whisky – zur gelegentlichen „Stärkung der Truppe".

Die Gruppe vor mir ist verschwunden, die Spuren sind fast alle verweht. Der Hang endet im endlosen Grau. Schemenhaft taucht eine Gestalt auf. Es ist Helmut. Er ist stehengeblieben, wartet, bis ich auf Rufnähe heran bin.
„Geht's noch?"
„Ja, ja. Nur langsam ..." Ich winke mit den Stöcken. Ich weiß, er kann mich nicht hören bei dem Gegenwind. Aber er sieht mein Zeichen.
„Alles okay?"
„Okay, ja, okay!" Warum habe ich nicht geschrien: „Ich kann nicht mehr!" Warum habe ich mich nicht einfach fallen lassen, solange Helmut es sah? Jetzt geht er weiter.

Warum gehe ich weiter? Warum mache ich das alles mit? Diese Schinderei!

Die Steigung wird flacher. Habe ich den Kamm schon erreicht? Plötzlich sinke ich ein. Bis zu den Knien, beim nächsten Schritt bis zur Hüfte. Ich lasse die Skier fallen, kann sie gerade noch halten, bevor sie den Hang hinunterrutschen, ramme sie in den Schnee. Beim Versuch, mich aufzurichten, breche ich immer wieder neu ein. Ich bin vom Weg abgekommen, von der festgetretenen Spur, bin in eine Wächte geraten. Niemand ist zu sehen. Ich lasse mich nach vorn in den Schnee fallen. So bleibe ich liegen. Ich werde niemals die Kraft haben, allein aus dem Loch herauszukommen. Soll ich um Hilfe rufen? Niemand würde mich hören. Ich bleibe liegen, rühre mich nicht. Es ist eine Wohltat. Entspannen, den Körper nicht mehr spüren, nicht mehr die Last auf dem Rücken, nicht mehr gehen müssen...

Allmählich beruhigt sich mein Atem. Ich wälze mich auf die Seite, schnalle den Rucksack ab, lege die Stöcke quer vor mich hin, stütze mich mit den Ellbogen darauf, wälze mich auf die andere Seite, ziehe ein Bein aus dem Loch, lege mich auf die Stöcke, ziehe das andere Bein nach – bin wieder frei. Dann lege ich die Skier neben mich, knie mich darauf, schnalle im Knien die Bindung an, kann wieder stehen.

„Haaa-lo!" Es ist Helmut. Er hat Rucksack und Skier abgelegt und kommt zurück.

Ich winke. „Alles okay! Komm schon!"

Im Treppenschritt arbeite ich mich aus dem Loch heraus. Der Schnee ist wie Mehl, wie Flugsand. Helmut ist da, will mir den Rucksack abnehmen.

„Nein, danke. Es geht schon."

„Doch, gib ihn mir! Das Stück bis hinauf trage ich ihn."

„Nein, nein", wehre ich ab. „Wirklich, vielen Dank!"

Es ist mir peinlich, daß er mir helfen will. Und doch: Was hätte ich nicht darum gegeben, wenn ich den Rucksack nicht tragen müßte! Gemeinsam erreichen wir den Grat. Die anderen warten hinter einem Felsen, im Windschatten. Ich glaube, es ist der Felskopf, den wir schon in der Nacht gesehen hatten, als wir über den See gingen. Ich möchte mich zu ihnen setzen. Doch schon nehmen die drei ihre Rucksäcke wieder auf und ziehen weiter, noch bevor wir sie erreicht haben. Sie gehen den Grat entlang, lehnen sich schräg gegen den Wind. Der Schnee ist beinhart, vom Wind blankpoliert. Die Skier rutschen zur Seite. Der Wind pfeift durch die Wollhandschuhe. Die Finger werden kalt. Und eben habe ich von der Anstrengung des Aufstiegs noch geschwitzt. Aus der Gruppe vor uns löst sich eine Gestalt, bleibt stehen, nimmt den Rucksack ab. Es ist Joka. Er will aus dem Rucksack seine Segeltuchhandschuhe holen. Er zieht den einen an, läßt den anderen für einen Moment neben dem Rucksack liegen – schon hat ihn der Wind erfaßt. Wie eine radschlagende kleine Puppe rollt der Handschuh den Berghang hinab.

Joka stürzt hinterher, versucht den Handschuh zu fassen, bückt sich, erreicht ihn nicht mehr, stolpert, fällt hin, rafft sich wieder auf, will weiter. Der Handschuh ist im Schneetreiben verschwunden.

„Halt! Halt! Bleib da!" schreien wir. „Der ist weg. Ausgeschlossen, den kriegst du nicht mehr!"

Wir warten, bis Joka den Berg wieder heraufkommt, schnaubend vor Anstrengung und Wut. „Ich wär hinterher", keucht er. „Irgendwo hätte ich ihn schon noch erwischt. Irgendwo muß er ja hängen bleiben, weiter unten am Wald."

„Wer weiß, wo! Und dann stundenlang suchen, und dann den ganzen Hang wieder herauf. Das hat keinen Sinn", versuche ich Joka zu beschwichtigen. Doch er beharrt darauf, daß er es gern versucht hätte. Wegen eines Handschuhs wäre er tatsächlich die dreihundert Meter noch einmal hinunter und wieder heraufgestiegen, trotz der Ungewißheit, ob es sich überhaupt lohnte.

Wo nehmen andere Menschen diese Kraft her, die Energie, die Zuversicht? Ich hätte schon in der ersten Sekunde aufgegeben, auf den Handschuh verzichtet. Ja, ich verzichte bereits jetzt auf ihn, auf beide Überzughandschuhe, die ich noch im Rucksack habe, leicht erreichbar in der Außentasche, obwohl meine Finger eiskalt sind. Aber der Gedanke, ich könnte in dem Sturm beim Herausnehmen auch einen Handschuh verlieren, lähmt meinen Enschluß.

Auf der anderen Seite des Grates fällt ein Steilhang ab. Beaver und Edelweiß sind den Grat entlanggegangen, um eine weniger steile Stelle zu suchen, an der sie in den Hang einfahren können. Die Lawinengefahr ist nicht groß, der Schnee ist auch auf der Nordseite windgepreßt. Aber Edelweiß ist vorsichtig, jetzt doppelt vorsichtig. Er will nicht noch einmal riskieren, daß er sich Vorwürfe machen muß.

Es ist ein herrlicher, langer Hang. Sein Ende ist nicht zu sehen. Ein weiter Blick über die schneebedeckte Landschaft tut sich auf. Im Norden und Westen reiht sich ein Bergrücken an den anderen, mit felsigen Gipfeln, eisigen Wänden, Jochen und Graten und dazwischen weiten, steilen oder sanft geschwungenen Hängen. Welch ein traumhaftes Skigebiet! Im Osten dehnt sich ein unendlich weiter Horizont. Lappland, so wie ich es mir vorgestellt hatte: weiße Ebene, durchbrochen von Seen, sanften Hügeln und Birkenwäldern.

Es hat zu schneien aufgehört. Es hatte wohl gar nicht richtig geschneit, nur der Wind hatte uns beim Aufstieg den Flugschnee entgegengeweht. Wenn wir zurückschauen, sehen wir diesen Flugschnee wie einen breiten Fluß zu Tal schwimmen.

Wir folgen der Spur, die Edelweiß und Beaver schräg in den Hang hineingezogen haben. Wir gleiten. Zuerst nur langsam und stockend, dann zügiger, und im Nu haben wir die anderen erreicht, stehen beieinander auf den Skiern.

„Schwingen ist unmöglich in dem Windharsch", sagt Edelweiß. Er grätscht die Skier zu einer Wende im Stand.

In Spitzkehren diesen herrlichen Hang verunzieren? Nein, das wäre eine Schande. Dieser makellose Hang, sein blendend weißes Tuch, lockt und fordert heraus. Ich kann dem nicht widerstehen. Meine Müdigkeit ist verschwunden, vergessen. Die Erschöpfung, die mich eben noch gelähmt hat, ist wie weggeblasen. Eine neue Spannung hat mich ergriffen, eine belebende Lust.

Ich folge den anderen nicht, fahre weiter in der gleichen Schrägrichtung, nur stärker in der Fallinie, bis sich mein Tempo so erhöht hat, daß die Ski nicht mehr einsinken, versuche zwei drei Kurzschwünge gegen den Hang, Girlanden, um zu testen wie stark die Kruste ist, dann: Stockeinsatz, Gewichtsverlagerung, den Körper in den Hang hinabgeworfen in einem Anfall von Mut – und ich habe den Schwung geschafft, rausche in der Gegenrichtung dahin, wieder zwei, drei Girlanden, wieder ein Schwung – ich schwebe, ich fliege, es ist wie ein Rausch. Die Last des Rucksacks scheint aufgehoben, ich spüre sie nicht mehr. Ich habe Flügel, ich schwebe. Es ist die Erleichterung nach dem schweren Aufstieg, die mich beflügelt. Und es ist der Triumph, den anderen voraus zu sein. Es ist das gleiche Gefühl wie damals bei der ersten Abfahrt von der Marmolada, als es noch keine Seilbahn dort gab, als wir nach dem Aufstieg über den Fedaja-Paß mit ausgebreiteten Armen über die Flanke der Dolomitenkönigin hinabflogen, mit geschlossenen Augen, laut singend, jubelnd, jubilierend. So jubelt es jetzt auch in mir. Immer weiter geht es, schwingend und singend, bis mir der Atem ausgeht und ich in weitem Bogen zum Hang die rasende Fahrt bremse. Die anderen sind noch weit oben, stochern in Schrägfahrt den Hang entlang. Ich winke, jubele ihnen zu: „Laßt's laufen, Leut! Es geht prima!"

Joka ist der erste, der es riskiert. Doch schon beim ersten Schwung verliert er das Gleichgewicht und stürzt. Beaver folgt ihm. Er fährt vorsichtig, probiert einen Stemmschwung, alte Schule mit Rotation. Er kommt sicher herum. In weiten Bögen, breitspurig, aber sicher, zieht er den Hang hinunter. Helmut und Edelweiß zögern noch. Sie helfen Joka beim Aufstehen, fahren dann wieder schräg zum Hang, bis er flacher wird, probieren es schließlich auch.

Beaver ist inzwischen an mir vorbei. Bogen um Bogen stemmt er sich zu Tal, verschwindet hinter einer Kuppe. Ich muß ihm nach.

„Stimmt die Richtung?" rufe ich Edelweiß zu.

„Ja, ja." Er bleibt stehen und deutet auf einen Gebirgszug im Nordwesten. „Davor liegt der Sitojaure-See. In dem Tal dazwischen, da müssen wir hin." Er ist etwas außer Atem. „Besser, wir bleiben zusammen", ruft er. „An einer windgeschützten Stelle sollten wir Mittag machen. Dort, wo der Wald anfängt."

Die Stunden, die ich mich den Hang heraufgequält habe, scheinen eine Ewigkeit zurückzuliegen. Erneut stürze ich mich in den Rausch der Talfahrt. Beavers weite Bögen reizen mich, ein Zopfmuster hineinzuflechten. Aber es mißlingt. Der Schnee ist zu brüchig, die Spur zu unharmonisch. Ich gebe Beaver ein Zeichen zu warten. Dann steuern wir gemeinsam eine Felsgruppe an, wo es windgeschützt ist. Wir schnallen ab und warten auf die anderen. Jetzt bin ich es, der gelassen zuschaut, wie sich die langsameren abmühen.

Nach der Mittagsrast haben wir nur noch ein kurzes Stück Abfahrt, dann müssen wir wieder durch Tiefschnee stapfen. Anfangs ist es noch lustig, mit leichtem Schwung zwischen den Birken hindurchzugleiten, und ich lege die Slalomspur als erster. Aber bald geht das Gefälle in die Ebene über, Bäume und Sträucher werden dichter, und wir kommen nur noch Schritt für Schritt voran. Und schon ist die Müdigkeit wieder da, hängt sich mit Bleigewichten an die Beine, preßt den Rucksack auf die Schultern, daß es schmerzt. Wer jetzt als erster geht, muß bei jedem Schritt den Ski erst vor und zurück schleudern, ehe er ihn freibekommt. Es ist eine mühselige, zeitraubende Arbeit. Selbst für den zweiten und den dritten in der Spur ist es noch eine Schinderei. Und wer am Ende geht, ist vom Spuren als erster noch so erschöpft, daß er die Erleichterung, letzter zu sein, kaum wahrnimmt.

Mehrmals kippt einer um, wenn er keinen Halt mehr findet in dem grundlosen Schnee oder sich ein Stock zwischen vereisten Latschenzweigen verfangen hat und den Mann aus dem Gleichgewicht reißt. Alle müssen dann mithelfen, den Gestürzten wieder aufzurichten. Wir sind wie Elefanten, denke ich. Wenn sie umstürzen und auf der Seite liegen, dann müssen sie auch mit Stangen und Seilen wieder aufgerichtet werden. Irgendwo habe ich das gelesen. Vielleicht stimmt es gar nicht. Trotzdem komme ich mir so schwer und unbeholfen vor, auch wenn ich nicht umfalle.

Diesmal sind wir sicher, daß wir den Weg nicht verfehlen. Wir folgen Markierungen. Einmal sind es Steinhaufen, übereinandergetürmte Felsbrocken, der oberste ragt markant in die Höhe oder ist flach aufgesetzt wie der Hut auf einem Pilz. Ein andermal sind es geknickte Äste, zwei verdorrte Birkenstämme, ineinander verschränkt, oder ein Kreuz aus gebündelten Zweigen. Markierungen von Lappen. Helmut, der ja im Sommer schon einmal hier oben war, kennt diese Zeichen.

Als wir schließlich den Sitojaure erreichen, führen die Markierungen schnurgerade weiter über den See. Jetzt sind es nur noch Stecken, Zweige, die in das Eis eingefroren sind. Wir sehen schon das andere Ufer, ahnen die Stelle, wo die Hütte sein muß. Eine Stunde noch, nicht viel mehr, dann werden wir unser Tagesziel erreicht haben.

Das Gehen fällt jetzt wieder leichter. Es ist ein Gleiten in der Spur, monoton, im Rhythmus des Körpers. Ssssht ... ssssht-tack ... sssht ... tack ... ssssht-tack ...

Eben denke ich noch, es kann nicht wahr sein, daß wir heute schon am Nachmittag, noch vor Einbruch der Dunkelheit, unsere Hütte erreichen, da bricht der Rhythmus jäh ab. Die Gruppe hält. Edelweiß, der vorne geht, deutet nach links. „Die Markierung führt nach Westen, die Länge des Sees hinunter. Das ist falsch. Wir müssen quer rüber nach Norden."

„Das ist eine andere Markierung", meint Helmut. „Die geht den See entlang. Sie kommt von Osten. Beide Wege kreuzen sich hier."

Tatsächlich, auch nach Osten hin ragen in größeren Abständen Zweige aus dem Eis. Aber geradeaus, in der Richtung, in der wir gehen wollen, sind keine Zeichen.

„Man kann die Hütte ja schon sehen", sagt Helmut. „Sie liegt in der Bucht, genau vor uns." Er will weitergehen, aber Edelweiß hält ihn zurück. Er hat sein Fernglas hervorgeholt und sucht das gegenüberliegende Ufer ab.

„Da vorne ist Wasser!" Er reicht Helmut das Glas. „Der See ist offen. Ein Zufluß, wahrscheinlich, oder eine Quelle."

Uns bleibt nichts anderes übrig, als der Markierung nach Westen zu folgen, obwohl sie von unserem Ziel wegführt. Es wäre ja auch zu schön gewesen.

„Gut, daß es noch hell ist", bemerkt Joka trocken. „Bei Nacht hätten wir das Wasserloch diesmal bestimmt nicht verfehlt! Mit oder ohne Azemut, und so!"

Zustimmendes Lachen, doch keiner sagt etwas. Die Lust zum Reden ist uns vergangen. Auch Beaver, der redseligste, zieht schweigend hinter mir her. Die Enttäuschung über den zusätzlichen Umweg, den wir jetzt machen müssen, ist nicht nur mir in die Glieder gefahren.

Im weiten Bogen weist uns die Markierung um die Gefahrenstelle herum. Plötzlich stoßen wir auf die Raupenspur von einem Motorschlitten. Sie führt geradlinig ans Ufer. Wir vertrauen uns ihr an. Wenn das Eis hier auch dünn ist, solange es einen Motorschlitten trägt, wird es auch uns aushalten. Es hält, und in einer halben Stunde haben wir das Ufer erreicht. Die Hütte, die wir schon seit langem im Auge hatten, steht direkt am Wasser. Wir werden nicht Schnee schmelzen müssen zum Kochen, und es wird auch genügend Wasser da sein, um uns einmal richtig zu waschen.

*In solch einer Kota finden die Lappen (Sami) vorübergehend Unterkunft, wenn sie mit ihren Rentierherden durch die ausgedehnten Weidegebiete ziehen*

Etwa hundert Meter weiter auf einer Landzunge, die sich in den See hinausreckt, erheben sich drei zugeschneite Erdhügel. „Kotas", Lappen-Behausungen, wie Helmut erklärt. Ich möchte sie mir anschauen, bin aber zu erschöpft. Erst später, nachdem wir Feuer gemacht und einen Holzvorrat für die Nacht gehackt haben und ich wieder ein wenig bei Kräften bin, stapfe ich zu den Kotas hinüber. Die Sonne ist schon hinter den Bergen verschwunden, die von Westen her bis dicht an den See heranreichen. Aber es ist immer noch hell genug. Die Erdhütten sehen aus wie Maulwurfshügel. Auf der Südseite, die frei ist von Schnee, kann man erkennen, wie sie gebaut sind: aufeinandergeschichtete Grasstollen. Hier ist auch der Eingang, verschlossen mit einem zweiteiligen Brett. Es erinnert mich an das Steckschott bei Segelbooten. Ich ziehe das Brett heraus und schaue in die Öffnung. Der Boden ist mit dürren Zweigen ausgelegt, die Wände ringsum sind mit Fellen bespannt. In der Mitte steht ein eiserner Kanonenofen. Das Abzugsrohr ragt oben aus dem Hügel heraus.

Kaum zu glauben, daß es im zwanzigsten Jahrhundert in Europa noch Menschen geben soll, die unter solch primitiven Bedingungen leben! Als ich dann später in unserer Hütte nach dem Essen das Gespräch auf dieses Thema bringe, wird mir plötzlich bewußt, daß wir hier ja selbst nicht viel anders leben, daß wir diese Primitivität ja gerade suchen. Wir haben alle einen Gasherd oder elektrische Kochplatten zu Hause, Ölöfen oder Zentralheizung, Parkett oder Teppichböden, elektrisches Licht, fließendes Wasser und alles, was wir brauchen, um uns sicher zu fühlen und wohl in unserer zivilisierten Haut. Und doch entfliehen wir dem allem und suchen die Entbehrung. Und das vergleichsweise bescheidene Essen genießen wir, weil wir es uns redlich verdient haben.

Heute abend habe ich gekocht, das heißt, Dosen mit Linsen und Speck aufgemacht, in einen der großen Blechtöpfe gekippt, die über dem Ofen hängen, Wasser dazugegossen, gewartet, bis es heiß war, zu blubbern anfing, und dann der Reihe nach die Teller mit der dickflüssigen Suppe gefüllt. Das war alles, aber es hat mir Spaß gemacht, und ich habe die Komplimente der Kameraden für meine Kochkunst genossen. Wir haben trockenes Brot dazugegessen, ein Stück Wurst in der linken Hand, das Klappmesser in der rechten, haben wässerigen Malventee aus Blechnäpfen getrunken, uns im flackernden Schein von zwei Kerzen Salz und Zucker zugeschoben, waren zufrieden, fühlten uns wohl, als wären wir zu Hause. Wir unterhalten uns über die Lappen, aber das Gespräch ist schleppend. Wir alle wissen zu wenig über das Volk, durch dessen Land wir uns bewegen.

„Wir leben freiwillig mal so", sagt Beaver. „Die Lappen dagegen müssen, weil sie's gar nicht anders kennen."

„Stimmt auch nicht ganz", berichtigt Helmut. „Die Lappen wissen längst, daß man auch anders leben kann. Du kannst sie auch in den Städten im Süden sehen. Es sind nur noch wenige, die mit den Rentieren herumziehen."

„Ich stelle mir vor, sie haben ihre Hirten, so wie wir auch, auf den Almen in den Bergen", sagt Joka. „In den Sennhütten ist das Leben auch primitiv."

„Das kann man doch nicht vergleichen", meint Beaver. „Die Lappen sind Nomaden. Sie ziehen herum, sind nicht seßhaft."

„Das kann man so nicht sagen", widerspricht Helmut. „Es gibt auch seßhafte Lappen."

„Vor allem seit der Katastrophe von Tschernobyl", stimmt ihm Edelweiß zu. „Ich habe gelesen, daß ganze Renherden notgeschlachtet werden mußten, weil sie mit

Cäsium verseucht waren. Vor allem weiter südlich war das ganze Weideland verdorben. Da blieb den Lappen gar nichts anderes übrig, als sich nach einem anderen Broterwerb umzusehen und in die Städte zu gehen."

Wir reden noch eine Weile weiter so hin und her, doch keiner weiß recht Bescheid. Helmut verspricht, daß wir weiter im Norden noch auf Lappendörfer stoßen werden, spätestens in Abisko würden wir noch welche treffen.

Abisko liegt noch weit. Vor dem Einschlafen, im Perlonsack auf meiner Holzpritsche, habe ich die dumpfe Ahnung, daß ich dieses Ziel nie erreichen werde. Wir sind jetzt erst drei Tage unterwegs, und ich bin bereits am Ende meiner Kräfte. Heute ist Mittwoch. Am Montag waren wir in Kvikkjokk aufgebrochen. Zum Wochenende wollen wir am Kebnekaise sein und den Gipfel besteigen. Ich werde es nicht schaffen, ich weiß das jetzt schon. Ich hätte diese Tour nicht mitmachen sollen, sie geht über meine Kräfte. Jetzt bin ich an die Gruppe gebunden, und die anderen sind an mich gebunden, werden durch mich gehemmt.

# Über das Gebirge des Stora Sjöfallet zur Saltoluotka-Fjällstation

Der Wind hat zugenommen. Wir steigen bergan. Der Himmel ist wolkenverhangen. Das Licht blendet, obwohl die Sonne nicht scheint: ein diffuses Licht ohne Schatten, es kommt von überall her. Daß die Spur ansteigt, spüren wir in den Knien und in den Waden. Sehen kann man es nicht. Ich setze die Schneebrille auf. So erkenne ich die Spur besser. Der Karte nach müßten wir auf dem Kungsleden sein. Doch Markierungen sind nicht zu sehen.

Am Morgen, wenn wir losgehen, fühle ich mich stark. Die ersten zehn, zwanzig Minuten. Es ist ein schönes, neues Gefühl für mich. Die Last auf den Schultern tut gut. Der Rucksack ist ein Teil meiner selbst. Er wärmt mich, und der Druck auf die Wirbelsäule ist wie Massage, wohlig, angenehm. Meine Muskeln sind fest geworden, mein Schritt kräftiger, meine Hände packen die Stöcke mit sicherem Griff. Am Morgen, wenn wir losgehen.

Nach einer halben Stunde ist der Kräftevorrat verbraucht. Das Ringen mit der Schwäche beginnt. Und die Gedanken beginnen zu fliehen ...

Joka ist stehengeblieben, hat die Spur freigemacht für mich. Es gibt keine Markierung. „Nur zu! Immer gerade hoch, den Hang hinauf", hat Edelweiß gesagt. Durch den Hang führt eine Mulde, gewunden wie ein „S". Wir sind ihr gefolgt, bis jetzt. Der Weg ergab sich von selbst. Nun liegt die Mulde hinter uns, vor mir das grauweiße Nichts.

Ich tappe hinein, den Blick auf die Skispitzen geheftet, dem einzig Konkreten in dem schwimmenden, blendenden Weiß. Ich gehe als erster, und doch, mir ist, als folge ich einer Spur, und bald merke ich, eine Spur ist tatsächlich da, eine unsichtbare, vom Schnee zugedeckte. Solange ich auf ihr bleibe, gleiten meine Skier gut. Weiche ich seitlich ab, schon sinke ich ein.

Ich muß versuchen, auf der Spur zu bleiben. Weil es sich besser geht und auch, um die Richtung zu behalten, um nicht planlos umherzuirren. Wer wohl vor mir hier gegangen ist? Vielleicht war es auch nur eine Rentierherde. Ich folge einer Spur, die ich nicht sehe, aber spüre. Spursinn und Spürsinn leiten mich. Bin Pfadsucher und Pfadfinder. Unbekannter Vorgänger, ich bin dein Nachfolger, ich komme dir nach auf deiner Spur, bin dir auf die Spur gekommen, spüre dich auf.

Wie kann ich, wenn ich wieder zu Hause bin, einem Daheimgebliebenen diese Gedanken erklären? Loipen-Gedanken. Gedanken über den Weg, über den rechten Weg, über das Gehen und das richtige Gehen, Gedanken über das Sichtbare und das Unsichtbare, das Gewisse und das Ungewisse.

Bewußt verlasse ich die Spur mehrmals, um die Begrenzung zu ergründen, einmal nach rechts, einmal nach links, um mich zu vergewissern, daß ich mich nicht täusche. Sie ist breiter als eine Skispur, und bald bin ich sicher, daß sie von einem Motorschlitten stammt. Der Abdruck der Raupenkette ist zwar nicht zu sehen, aber ich spüre das Muster im Schnee an meinen Fußsohlen. Die Skier gleiten wie über ein Gitter, einen grobgewebten Teppich. Anfangs war es mir nicht aufgefallen. Nun entdecken meine Augen, wo sie vorher nichts gesehen hatten, einen Schatten, den Hauch eines Schattens, der die Spur sein könnte.

Beaver reißt mich aus meinen Gedanken. Er will mich ablösen. Ich trete zur Seite. „Hier ist eine Spur. Hast du gemerkt?"

„Wo?"

„Hier, unter dem Neuschnee." Ich stampfe fest auf. „Ein Motorschlitten, wahrscheinlich. Es ist unsere Richtung."

„Ein *snow-cat* eine Schneekatze, he? Also doch der Kungsleden." Beaver blinzelt mich an, seine rosigen Wangen glänzen. Er ist der einzige von uns, der sich täglich rasiert.

Ich lasse ihn vorbei, stütze die Schultern auf die Stöcke, ruhe mich aus, den Blick auf den Boden, warte, bis auch Joka vorbeigezogen ist, warte noch etwas länger und trete dann in die Spur, als Letzter.

Der Abstand zwischen mir und Joka wird immer größer. Ich habe die günstigsten Bedingungen, und dennoch bin

*Erschöpft...*

ich der langsamste. Ich kann nicht Schritt halten mit den anderen. Mein Körper hängt an mir wie eine Last, wie der Rucksack, der mir die Schultern zerschneidet und die Arme lähmt. Solange ich voranging, da zog es mich weiter, der unsichtbaren Spur nach. Jetzt hat mich die Zugkraft verlassen, ist übergesprungen auf Beaver, der voranstürmt, als sei der Motor der „Schneekatze" in seinen Beinen.

Ich lausche auf die Stille. Wenn ich stehenbleibe und den Atem anhalte, ist nur das Pochen meines Herzens um mich. Ich höre es durch den Anorak hindurch, höre es in der Brust und im Kopf.

Beim Gehen entdecke ich ein neues Geräusch. Zwischen dem ... Tack ... der Stockspitze, wenn sie in den Boden stößt, und dem ... Sssht ... des gleitenden Skis höre ich etwas wie den Schrei einer Möwe: Girrr! Schrill und heiser, aber doch schön wie ein Ruf aus weiter Ferne. Sssshttack ... GIRRRR ... ssht ... tack ... GIRRR ... sssshttack ... GIRRR ... Es ist das vibrierende Bambusrohr des Skistockes, das die Reibung des Schnees vielfach verstärkt wiedergibt. Schon einmal hatte mich das Geräusch genarrt, als ich wünschte, es komme von einem Motorschlitten. Diesmal ist es eine Möwe, und ich darf raten, ob sie Emma heißt oder Jonathan ...

Der Abstand hat sich verkürzt. Ich komme der Gruppe wieder näher. Die vier stehen beinander und warten auf mich. Ehe ich sie erreicht habe, nimmt Edelweiß Haltung an, legt die Hand an die Mütze und ruft: „Meldung von der Spitze ..."

„Alles faule Witze!" echot Joka dazwischen.

„Wir sind auf dem Kungsleden. Hier ist eine Markierung." Edelweiß deutet auf eine rote Stange, die schräg aus dem Schnee ragt.

„Machen wir Pause?"

„Jetzt schon?" Helmut schaut mich prüfend an.

„Nein. Ich frage nur. Von mir aus können wir weitergehen." Wieder kann ich nicht eingestehen, daß ich bereits zum Umfallen erschöpft bin.

Unser Tagesziel ist heute Saltoluotka am Akkajaure. Laut Karte und Tourenbeschreibung, die Helmut vom Schwedischen Touristenverein besorgt hat, gibt es in Saltoluotka eine bewirtschaftete Verpflegungsstation. Aber wir sind nicht sicher, ob die Station auch im Winter geöffnet ist. Im Sommer ist das einhundertfünfzig Kilometer lange Seenrevier zwischen Akkajaure und Lulevatten ein beliebtes Ziel für Jäger, Fischer und Angler, und die Fjellräven, die nordischen Wandervögel, die im Sommer über den Kungsleden zur Kebnekaise ziehen, benützen Saltoluotka als Proviant-Stützpunkt.

Bei der Mittagsrast entspinnt sich ein lebhafter Disput über die Frage, was wir uns heute abend zu essen bestellen, angenommen – nur angenommen – in Saltoluotka gibt es wirklich so etwas wie eine bewirtschaftete Hütte. Wenige Tage mit Mahlzeiten aus Konservendosen haben genügt, unsere Phantasie mit Traumvorstellungen von saftigen Steaks und gebratenen Fischen zu beleben.

Wir hocken zwischen eisverglasten Felsen auf der Kammhöhe des Stora Sjöfallet, eines 1500 Quadratkilometer großen Naturschutzgebietes, das, wie uns Helmut erklärt, im Sommer das reinste Paradies sein soll. Unsere Phantasie, eben noch mit köstlich duftenden Speisen beschäftigt, bemüht sich vergeblich, Bilder dieses Paradieses hervorzuzaubern. Rings um uns: kahle Felsen, Nebel, Schnee – alles Grau in Grau.

„Im Sommer", sagt Helmut, „ist das ein einziges Blumenmeer."

„Und die Mücken?" fragt Beaver.

„Ja, das stimmt. Die Mückenplage ist gräßlich."

„Schönes Paradies! Ich hasse Mücken." Beaver wickelt hastig seine Proviantpäckchen zusammen, als fürchte er, ein Insekt könne seinem Schinken zu nahe kommen.

Was machen die Mücken im Winter? frage ich mich. Nichts. Sie sind tot. Doch die neue Generation wartet bereits unter dem Schnee, wartet auf die Wärme, auf das Leben. Wie gut haben es doch die Mücken. Sie brauchen nicht zu sein, wenn es für sie nichts zu tun gibt ...

Wir haben den Scheitelpunkt überschritten und gleiten nun abwärts. Die Spur der „Schneekatze" haben wir verloren. Der Wind hat sie zugedeckt. Aber immerhin, sie hat uns bis zur Kammhöhe geführt.

Das Gefälle wird allmählich stärker. Die Nebeldecke reißt auf, und wir sehen unter uns die Baumgrenze, einen dichten Tannenwald und dahinter in der Ferne das Tal des Akkajaure. Etwa vierhundert Höhenmeter Abfahrt liegen vor uns. Es ist wieder wie gestern. Kaum ist die Anstrengung des Aufstiegs überwunden, schon kehren die Kräfte zurück. Vergessen sind die trüben Gedanken, der Mißmut, die Apathie. Der Wind ist nicht mehr eine beißende Plage, sondern ein lustiger Freund. Der Rucksack hat Flügel, schiebt mich voran, statt mich zu bremsen.

Wir fahren schräg zum Hang und kreuzen plötzlich wieder die Schlittenspur. Deutlich merke ich, wie für einen Augenblick der Boden fester wird. Ich stemme im Bogen zurück auf die Spur, schwinge auf dem festen Untergrund in die Fallinie hinein und rase wie auf der Anlaufspur einer Sprungschanze zu Tal. Immer tiefer in die Hocke gehend, die Stöcke unter die Arme geklemmt, das Kinn an die Knie gedrückt, schieße ich dahin, durch das Gewicht des Rucksacks noch zusätzlich beschleunigt. Ich muß nur darauf achten, daß ich auf der Spur bleibe, sonst – ja, was sonst passiert, erlebe ich gleich: Die Skispitzen tauchen vorn ein, und ich fliege mit dem Kopf voraus in den Schnee. Mitgerissen vom Schwung des Rucksacks überschlage ich mich mehrmals, Stöcke und Ski um mich wirbelnd. Es scheint fast ein Wunder, daß ich mir nicht Arme und Beine und ein paar Rippen gebrochen habe.

Ich muß den Rucksack abschnallen, um wieder aufstehen zu können. Gesicht und Haare sind voller Schnee. Naß und kalt rieselt es mir den Nacken hinunter über den Rücken. Ich klopfe mich ab und schaue nach oben. Zum Zeichen, daß mir nichts geschehen ist, winke ich mit beiden Armen.

„Langsam, langsam!" schreit Edelweiß und demonstriert mit einer sanften Schrägfahrt, wie ich es machen soll. Dabei verliert er selbst das Gleichgewicht und fällt hin.

„Langsam, langsam!" rufe ich lachend zurück. Trotz meines Sturzes fühle ich mich überlegen. Die Freude am Risiko gibt mir Mut, und der Mut macht mich froh. Ich suche Wollmütze, Brille und Stöcke zusammen, die im Schnee verstreut um mich liegen. Dann klemme ich die Schuhe mit einem Fersenbügel fest, den ich mir eigens für solche Abfahrten auf die Langlaufbindung montieren ließ. Jetzt wird es besser gehen, denke ich, schnalle den Rucksack wieder an, was in der Schrägstellung am Hang einige Mühe kostet, und nehme das Rennen erneut auf. Niemand drängt mich, es gibt nichts zu gewinnen. Trotzdem. Ich kann nicht langsam und vorsichtig wie die anderen fahren, ich muß den Rausch des Fliegens und Schwebens genießen, den Anflug von Schwerelosigkeit. Aber ich folge nicht mehr in Schußfahrt der Spur des Motorschlittens, sondern schwinge jetzt in langgezogenen Bögen talwärts.

Knapp oberhalb der Baumgrenze halte ich an, um auf die anderen zu warten. Die Sonne bricht durch die Wolken, und wie durch einen aufgerissenen Vorhang wird eine majestätische Bergkulisse sichtbar. Wie lange wird es dauern, bis dieses Skiparadies für den kommerzialisierten Wintersport entdeckt und erschlossen ist? Ein paar Hotels,

Bergbahnen und Lifts, Pistenraupen, die die Hänge planieren, und die Touristenstation Saltoluotka wird sich über Nacht in ein zweites St. Moritz, Davos oder Cervinia verwandeln.

Aber so weit wird es wohl doch nie kommen. Die schwedische Regierung hat das ganze Gebiet, das wir durchwandern, zum Nationalpark erklärt. Die Natur soll hier unversehrt erhalten bleiben. Europas letzte Wildnis, ein Paradies des Nordens. Skigebiete von alpinem Charakter gibt es ja in Südwestschweden zur Genüge. Daß ich hier in diesem einsamen, von Menschen unberührten Tal sein darf, das ich mit meiner Abfahrt erobert habe, empfinde ich wie ein Geschenk.

Beaver ist der nächste, der herunterkommt. Er deutet über die Wipfel der Tannen in Richtung zum See. „Ich habe das Dach der Hütte gesehen. Gleich hier unter uns. Wir sind gleich da."

Ich schaue in die Richtung, in die er deutet, kann aber nichts entdecken. Doch ein plärrendes Geräusch dringt plötzlich herauf wie von einem zu laut aufgedrehten Radio.

„Na also", stelle ich enttäuscht fest. „Leute sind auch schon da."

Das Triumphgefühl, diese Einsamkeit für mich erobert zu haben, ist verflogen. Am liebsten stiege ich den Berg noch einmal hinauf, um die Abfahrt ein zweites Mal zu genießen. Unlustig lasse ich die Skier abwärts gleiten, muß mich aber sofort konzentrieren, um die Bäume zu umfahren und nicht mit dem Rucksack an einem Ast hängenzubleiben. Beaver folgt meiner Spur. Erneut bleibe ich stehen und lausche. Eben schien das Geräusch noch ganz nahe zu sein. Jetzt ist es still. Haben die Leute das Radio abgestellt? Ich spähe zwischen den Bäumen hindurch in die Richtung des Geräusches. Am Boden, wenige Meter entfernt, bewegt sich etwas. Und da ist es wieder, das Plärren! Zwei Schneehühner, weiß wie der Schnee, hasten gackernd durch das Unterholz. Beaver und ich lachen erleichtert und belustigt über unsere Täuschung. Es sind die ersten Tiere seit Tagen, die wir zu Gesicht bekamen.

„Wollen wir sie fangen?" Beaver ist plötzlich vom Jagdfieber gepackt. „Gebratenes Schneehuhn zum Abendessen, wäre doch was, oder?"

„Die kriegen wir doch nie!"

„Los! Versuchen wir's!" Er zwängt sich durchs Gebüsch. Ich folge ihm zögernd. Doch die Hühner sind verschwunden, untergetaucht im Schnee, irgendwo verborgen unter einem überhängenden Zweig, oder schon längst weit fort. Auch Beaver gibt die Jagd auf.

„Hätte doch keinen Zweck gehabt", sagt er. „Ich hätte erst auf einen Stein pissen müssen. Und hier gibt es ja nicht mal Steine." Er stellt sich an einen Baum, mit dem Rücken zu mir.

„Was hat das mit den Hühnern zu tun?"

„Werde ich gleich erklären." Es dauert einige Zeit bis er sich mir wieder zuwendet. „Im Himalaya gibt es auch Schneehühner. Als ich dort war, das ist schon ein paar Jahre her, da haben wir auch mal welche gesehen. In fünftausend Meter Höhe, mitten zwischen Schnee und Felsen. Sie waren genauso weiß und grau wie die Gegend. Wir wollten sie jagen und haben mit Steinen nach ihnen geworfen. Aber getroffen haben wir nichts. Die Sherpa, die wir als Träger hatten, haben bloß gelacht, dann zeigten sie uns, wie man es macht.

Sie pißten auf den Boden, nahmen die nassen Steine auf und sprangen den Hühnern nach. Sie haben tatsächlich welche getroffen." Beaver kichert. „War aber nicht viel dran an den Hühnern; klein, mager und zäh."

Auf meine Bemerkung, das sei wohl eine recht seltsame Jagdmethode, erklärte Beaver: „Das hängt wohl mit dem Aberglauben zusammen oder mit der buddhistischen Religion, ich weiß auch nicht. Die Sherpa glauben jedenfalls, die Hühner und die Steine seien miteinander verwandt, weil sie in einer Landschaft zusammenleben, Brüder und Schwestern, sozusagen. Und die können sich natürlich gegenseitig nicht verletzen. Aber, wenn man so einen Bruder ärgert oder beleidigt, dann wird er wütend und vergißt sein gutes Benehmen. Im Zorn wird er blind und tötet sogar die eigene Schwester. Komisch, was?"

Saltoluotka ist tatsächlich eine Touristenstation, wo man Lebensmittel einkaufen kann und wo es ein Büfett mit warmem und kaltem Essen gibt – aber nur im Sommer. Es ist eine kleine Barackensiedlung mit einem halben Dutzend Hütten, die im Wald verstreut liegen. Wir sehen die Hinweisschilder, wo es zur Küchenbaracke geht, wo zu den Waschräumen, wo zu den Toiletten. Doch alle Türen sind verschlossen, meist auch die Fenster vernagelt. Durch hüfthohen Schnee waten wir von einer Hütte zur anderen. Etwas abseits entdecke ich einen Geräteschuppen. Er ist auch verschlossen. Joka ist durch ein Fenster in die Küchenbaracke eingestiegen. Er öffnet die Tür von innen. Wir gehen alle hinein und schauen uns um. Es ist nur ein Raum da mit einem Herd für Flaschengas, einem Spülbecken ohne Wasser und einem langen Holztisch. Kein Ofen zum Heizen, keine Betten oder Matratzen. Wir werden auf dem Boden schlafen.

„Sehr gemütlich", sagte Joka.

Ehe wir unsere Rucksäcke hereinholen, hat Helmut eine Idee. Er nimmt den Schlüssel und probiert ihn an der nächstgelegenen Hütte. Tatsächlich bekommt er die Tür auf. Es sind zwei Doppelstockbetten darin, sogar mit Wolldecken, ein Tisch, mehrere Hocker und, das wichtigste, ein eiserner Ofen. Auch zwei Zinkeimer zum Schneeschmelzen sind da. Nur Feuerholz ist keines zu finden. Wir werden uns selbst welches machen müssen. Aber wir haben kein Werkzeug. Mir fällt der Geräteschuppen ein. Ich nehme den Feuerhaken vom Ofen und stapfe davon. Mit dem Feuerhaken sprenge ich das Vorhängeschloß und sehe mich in dem Schuppen um. Ein Außenbordmotor, mehrere Dosen mit Farbe und Bootslack, Angelgerät und Netze deuten darauf hin, daß man sich hier nur auf den Sommer eingestellt hat. Aber ich finde auch eine Säge und ein Beil.

Es ist nicht recht, hier so gewaltsam einzudringen. Ich fühle mich nicht wohl dabei. Aber der Beifall, mit dem ich begrüßt werde, als ich mit dem Werkzeug wieder auftauche, entschädigt mich für die Gewissensbisse.

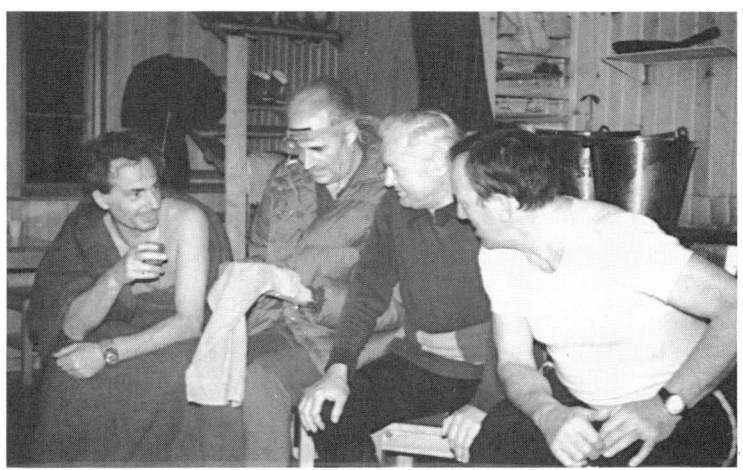

*Endlich können wir uns in der Hütte von Parte aufwärmen: ich, Edelweiß, Beaver, Joka (v. l. n. r.)*

Ein Schneehaufen hinter der Küchenbaracke hat sich als Holzstoß entpuppt, und Joka und Helmut machen sich daran, einige Stämme durchzusägen. Ich gehe noch einmal zum Schuppen zurück, um mir ein trockenes Brett zum Anheizen zu holen. Mit dem Beil schlage ich es in dünne Scheite und Späne.

Die Wolken haben sich verzogen. Die Sonne, die eben noch warm schien, ist plötzlich hinter den Bergen verschwunden, es wird kalt. Auf dem Ofen zischt der Eimer mit dem Schmelzwasser. Wir hocken um den Tisch herum, schlürfen heißen Tee und warten, daß sich der Raum erwärmt. Eine feine, graue Eisschicht bedeckt die Holzwände. Langsam beginnt sie aufzutauen. Über dem Ofen ist ein Holzrost, an dem wir unsere Sachen zum Trocknen aufgehängt haben. Schuhe, Gamaschen, Socken, Mützen, Handschuhe. Hin und wieder fällt ein Tropfen auf die Herdplatte und zerplatzt, oder er fällt in den Eimer mit Schmelzwasser für die Suppe. Niemanden stört es.

„Es sind nur vier Betten da", sagt Edelweiß. „Ich werde auf dem Boden schlafen. Ich habe einen Daunenschlafsack."

„Kommt nicht in Frage", protestiert Helmut. „Ich schlafe auf dem Boden."

Die beiden streiten sich noch eine Weile, ohne daß es zu einem Ergebnis kommt. Joka fragt, wie es morgen weitergeht. Edelweiß holt die Karte und breitet sie auf dem Tisch aus.

„Die nächste Station ist Vietas, am gegenüberliegenden Ufer des Sees, etwa 15 Kilometer nach Nordwesten", erklärt Helmut. Er kennt die Karte auswendig. „Und dann sind es nochmal rund 20 Kilometer bis Vakkotavare."

„Schaffen wir das an einem Tag?"

Helmut zuckt mit den Achseln und schaut mich an. „Wir können es in zwei Etappen gehen. Vielleicht haben wir auch Glück. Drüben wird eine Uferstraße gebaut. Bis Vietas ist sie schon eingezeichnet – hier!" Er deutet auf die Karte. „Kann aber sein, daß sie schon weiterreicht, inzwischen. Vielleicht nimmt uns ein Auto mit. Wenigstens den einen oder anderen von uns." Wieder streift mich sein Blick.

Joka beugt sich über die Karte. „Die Straße kommt von Jokkmokk. In Porjus ist eine Abzweigung nach Gällivare."

„Vielleicht gibt es sogar einen Bus", räumt Helmut ein. „Wir werden ja sehen."

„Auf jeden Fall: Morgen zeitig wecken!" sagt Edelweiß und schaut mechanisch auf seine Uhr. „Sieben Uhr Frühstück, acht Uhr Abmarsch. Einverstanden?" Keiner widerspricht.

„Einverstanden?" fragt er noch einmal und schaut mich an.

„Ja, sicher. Natürlich." Es ist mir peinlich, ich fühle mich ertappt. Hat er meine heimlichen Gedanken erraten? Es ging mir nur so durch den Kopf, wie es denn wäre, wenn ich mich von einem Auto mitnehmen ließe, allein, nicht in Richtung Westen nach Vakkotavare, sondern entgegengesetzt, zurück nach Gällivare oder Jokkmokk. Ich könnte dort in einem Hotel bleiben oder auch mit der Bahn weiterfahren und in Kiruna auf die anderen warten oder gleich von Kiruna aus wieder nach Deutschland zurückfliegen...

Es sind feige Gedanken. Sie durchzucken mein Hirn wie das Polarlicht, das über den Nachthimmel huscht, verführerisch, farbig, verlockend, aber auch unstet, nicht zu greifen – und schon wieder verschwunden. Aber sie kehren wieder, verfolgen mich bis in den Schlaf.

Gegen Mitternacht wache ich auf. Im Dunkeln taste ich mich an dem am Boden Liegenden vorbei und gehe hinaus vor die Hütte. Mir ist es drinnen zu eng geworden. Der

Anblick des Sternenhimmels trifft mich ins Herz, daß es wehtut. Die Unendlichkeit ist da, ist über mir. Alle Augenblicke der Unendlichkeit sind in mir vereint. Ich bleibe stehen und schaue hinauf, bis mich die Kälte schlottern läßt und ich in die Hütte zurückwanke.

Der Ofen ist ausgegangen, aber ein Rest glimmt noch auf, als ich hineinblase. Ich nehme ein Messer vom Tisch und schneide im Dunkeln Späne, schiebe sie in den Ofen und blase so lange, bis sie aufflammen. Dann lege ich Scheite darüber und warte, daß auch sie Feuer fangen. Lange knie ich so vor dem Ofen und bewache das Feuer. Der Mann im Schlafsack hinter mir am Boden beginnt zu schnarchen. Also ist es doch Helmut!

Klirrender Frost. Der Atem gefriert in der Nase, als wir am Morgen die Hütte verlassen. Meine Knochen sind spröde und steif. Wenn ich hinfalle, werden sie brechen wie Glas. Wir gleiten zum See hinunter, tasten uns vorsichtig aufs Eis. Edelweiß sucht mit dem Fernglas nach Spuren oder einer Markierung. Nebelstreifen liegen über dem See. Das jenseitige Ufer verbirgt ein Schleier. Dunkle Tannen ragen aus ihm hervor. Sie scheinen im Nebel zu wurzeln oder im Wasser. Die Morgenstille ist erfüllt von dem Chor unserer gleitenden Schritte. Langsam dringen wir vorwärts, Abstand voneinander haltend und den Blick auf den Nebel gerichtet, der uns kniehoch umwallt.

Als wir die Mitte des Sees erreicht haben, lösen sich die Schwaden auf, und wir erkennen eine Skispur, die fast parallel zu der unseren läuft. Es ist die erste fremde Skispur seit einer Woche.

„Lappen-Skier", sagt Helmut, „breiter als die unsrigen. Auch länger." Er spricht leise, als fürchte er, jemanden zu wecken.

Wir folgen der Spur. Sie kann noch nicht alt sein, höchstens von gestern. Wir gehen jetzt schneller, mit weniger Angst vor dem Nebel oder daß wir plötzlich einbrechen im Eis. Aber die gedrückte Stimmung durch den Nebel bleibt. Alle sind merkwürdig still. Erst als wir auf der Uferböschung stehen, löst sich der Druck.

Beaver nimmt den Rucksack ab. „Das muß ich fotografieren", ruft er. Wir schauen zurück. Er hat recht. Der Blick ist einmalig. Über dem wallenden Nebelmeer erhebt sich die Bergkette wie eine Kulisse, und die Ränder erglühen im Feuer der ersten Sonnenstrahlen.

Die fremde Skispur führt uns durch einen Waldstreifen, kaum hundert Meter breit, dann stehen wir auf einer Schneemauer und sehen die Straße. Die Mauer ist von einem Schneepflug aufgeworfen und säumt die Straße zu beiden Seiten wie einen Hohlweg. Wo wir stehen, ist gegenüber eine Ausbuchtung. Aus dem Schnee ragt ein Schild, die Aufschrift ist verwaschen und nicht lesbar. Doch wir sind sicher, daß es sich hier um eine Bus-Haltestelle handelt.

Während wir noch überlegen, ob es sinnvoll ist zu warten, oder ob wir auf der Straße weitergehen sollen, hören wir Motorengeräusch. Aber es ist kein Bus, sondern ein Personenwagen, ein Volvo mit Anhänger. Der Wagen hält in der Ausbuchtung, zwei Männer steigen aus. Sie grüßen mit einer lässigen Handbewegung, einer ruft: „Hej!", dann beachten sie uns nicht weiter.

Beide tragen dunkelblaue Overalls, Filzstiefel und die typischen Pelzmützen mit den Ohrenschützern, die man seitlich herunterklappen kann, wie ich sie schon in Gällivare und Jokkmokk gesehen habe. Über den Overalls haben sie Ledergürtel und daran ein Finnmesser im Schaft aus Rentierfell.

Auf dem Anhänger steht ein Motorschlitten, den die Männer nun herunterheben. Sie kuppeln den Anhänger vom Auto ab, binden Kufen unter die Räder und hängen ihn an den Motorschlitten. Beaver, Helmut und Edelweiß gehen hinüber, sagen auch „Hej!" und machen dazu die gleiche lässige Handbewegung. Mit einem Gemisch aus Englisch, Schwedisch und Deutsch beginnen sie ein Gespräch.

Die beiden Männer wollen zum Fischen. Sie packen mehrere Rentierfelle, Angeln und Kescher auf die Pritsche des Anhängers. Wir verstehen ihr Schwedisch nicht, oder ist es Lappländisch? Doch ihre Zeichensprache ist deutlich. Sie sind nicht unfreundlich, aber auch nicht besonders an uns interessiert. Beaver sagt, daß wir aus Germany kommen, Edelweiß sagt: „Tyskland." Die Männer nicken nur. Wahrscheinlich haben sie das längst gemerkt. Es können wohl nur Deutsche sein, die so verrückt sind, um diese Jahreszeit hier herumzuirren. Die Zeit für Touristen ist im Sommer.

Helmut deutet nach Norden. „Kebnekaise", sagt er. „Kungsleden. You understand?"

„Kebnekaise?" Der Ältere von den beiden scheint jetzt doch überrascht. Er deutet auf unsere Ski und die Rucksäcke und sagt etwas. Dabei schüttelt er den Kopf, und wir können uns denken, was er sagt.

Helmut weist die Straße hinunter. „Vietas? Autobus?"

Der Mann schaut auf seine Armbanduhr und nickt. „Om en halvtimme", sagt er. „Klockan tio." Er spreizt die Finger beider Hände.

„Ten o'clock? Um zehn Uhr geht ein Bus? Das ist ja prima."

Die beiden Schweden reden miteinander, nur wenige Worte, dann ein trockenes Lachen, und sie wenden sich wieder ihrem Motorschlitten zu. Der springt an und macht einen Lärm wie ein Außenbordmotor. Der Ältere schwingt sich auf den Sattel, der andere hockt sich auf die Pritsche des Anhängers. Noch einmal die lässige Handbewegung zum Gruß, dann sind sie in Richtung See verschwunden.

Wir sind die einzigen Fahrgäste im Bus. Er bringt uns in zehn Minuten nach Vietas, einem Barackenviereck mit Tankstelle und Kantine. Der Busfahrer sagt, hier sei Endstation. In einer halben Stunde fahre er wieder nach Gällivare zurück. Die Straße nach Vakkotavare sei zwar schon fertig, sogar noch ein ganzes Stück weiter, aber der Bus fahre nur bis hierher.

Es sind noch zwanzig Kilometer auf der Straße bis Vakkotavare. Wir werden sie zu Fuß gehen müssen. Vorher wollen wir uns in der Kantine stärken. Der Busfahrer sitzt bereits drinnen und trinkt einen Kaffee. Jetzt wäre der Augenblick für mich. Die Gelegenheit, die Gruppe zu verlassen und nach Gällivare zurückzufahren, ist zum Greifen nahe.

Wir bestellen uns Kaffee und Käsebrote. Ich beobachte den Busfahrer und überlege, wie ich es den anderen sagen soll, daß ich aufgebe, daß ich sie verlasse.

Beaver geht zum Büffet und holt sich Zigaretten. Als er wiederkommt, sagt er: „Es gibt auch Zimmer hier zum Übernachten. Gar nicht teuer."

Helmut und Edelweiß schauen sich an. Joka schlägt mit der Hand auf den Tisch, daß die Tassen klirren. „Ein heißes Bad und ein frisches Bett! Wäre gar nicht schlecht!"

„Wenn wir hier übernachten und morgen früh einen Wagen finden, der uns nach Vakkotavare bringt, verlieren wir eigentlich nichts", räumt Helmut ein.

„Im Gegenteil", sagt Joka. „Wir sparen uns die zwanzig Kilometer Fußmarsch."

Daß Joka das sagt, gefällt mir besonders, denn er ist der Kräftigste von uns. Edelweiß und Beaver gehen zum Büfet zurück und erkundigen sich, ob man einen Wagen mieten kann, oder ob es sonst noch eine Möglichkeit gibt, nach Vakkotavare zu kommen.

Der Busfahrer am anderen Tisch rührt in seinem Kaffee und liest Zeitung. Gleich wird er aufstehen und hinausgehen. Dann ist meine Chance vorbei. Ich muß etwas sagen, muß Helmut erklären, daß ich meine Kräfte überschätzt habe, daß ich der großen Anstrengung nicht mehr gewachsen bin, daß ich Angst habe, noch weiter mitzugehen, daß ich ihnen allen nicht zur Last fallen möchte, daß ich deshalb jetzt gleich mit dem Bus zurückfahren werde.

„Fertig machen, Leute!" Edelweiß steht am Tisch und strahlt uns an. „In wenigen Minuten fährt ein Lkw zur Baustelle. Er nimmt uns bis Vakkotavare mit."

„Ich dachte, wir bleiben über Nacht hier", brummelt Joka.

„Morgen ist Samstag", sagt Beaver. „Da wird nicht gearbeitet, da gibt es auch kein Auto. Freies Wochenende! Da hauen alle ab in die Stadt und besaufen sich."

„Beeilung, Leute!" drängt Edelweiß.

Es geht alles viel zu schnell. Jemand hat schon meinen Rucksack und meine Skier auf den Lastwagen gehoben, als ich noch beim Bezahlen war und noch immer überlegte, wie ich es anstellen soll, nicht auf den Lastwagen, sondern in den Bus zu steigen, und der Wagen ruckt an, daß wir alle durcheinander fliegen, und ich halte mich an Joka fest, Helmut stützt sich auf mich, und wir lachen und brüllen: „Hej!" und „Hoppla!", und wir brausen davon, und durch das rückwärtige Fenster kann ich sehen, daß der Bus noch immer vor der Kantinenbaracke steht.

Vakkotavare Stugan ist nichts weiter als eine Hütte, gleich neben der Straße, kleiner noch als die in Aktse, aber sauber. Seit Monaten war wohl niemand mehr hier gewesen. Der Schnee versperrt die Tür und reicht bis zu den Fenstern.

Der Lastwagen ist weitergefahren. Eine Stunde entfernt liegt eine Straßenbaustelle. Der Fahrer wird die Arbeiter abholen und in ihre Quartiere nach Vietas bringen.

Es beginnt zu schneien, kleine, körnige Flocken. Wir stehen vor der Hütte. Helmut und Edelweiß studieren die Karte. Hinter der Hütte geht es steil einen Hang hinauf. Nach der Karte müßte hier der Kungsleden sein. Die beiden wollen den Weg erkunden. Beaver schließt sich ihnen an.

Ich bleibe mit Joka bei der Hütte. Wir schaufeln den Eingang frei und suchen nach Feuerholz. In der Hütte ist es grabeskalt. Es wird Stunden dauern, bis wir sie warm bekommen. Der Holzschuppen ist versperrt, mit einem richtigen Türschloß, nicht mit einem Vorhängeschloß wie in Saltoluotka, das sich aufsprengen ließ. Wir können kein Feuer machen. Wir müßten eine von den Birken auf dem Hang hinter der Hütte fällen, aber auch dazu fehlt uns das Werkzeug.

Joka hat heißen Tee in seiner Thermosflasche. Er bietet mir einen Schluck an. Ich trinke nur, um mich zu wärmen. Es ist zwar Mittagszeit, aber ich habe weder Hunger noch Durst.

„Sollen wir hier in der kalten Bude übernachten?" frage ich.

Joka schüttelt den Kopf. „Ohne mich!" sagt er. „In Vietas haben wir warme Betten und ein heißes Bad. Entweder wir gehen gleich weiter bis zur nächsten Hütte oder ..." Joka zögert, dann gibt er sich einen Ruck, „oder wir fahren zurück. Ist doch klar. Der Lastwagen holt doch die Arbeiter und kommt hier wieder vorbei. Er wird uns schon mitnehmen." Es sind meine Gedanken, die Joka ausspricht, und ich fühle schon die Wärme einer geheizten Gaststube. Aber ich freue mich zu früh. „Ich habe keine Lust, hier zu warten", sagt er. „Ich friere. Am besten, wir steigen den anderen nach, dann verlieren wir nicht so viel Zeit." Er geht hinaus vor die Hütte und beginnt, sich die Skier anzuschnallen.

Die drei Rucksäcke der anderen liegen neben dem Eingang im Schnee. Ich deute auf sie. „Die müssen doch sowieso nochmal runterkommen", sage ich. „Ich bleibe hier und passe auf. Und wenn der Lkw kommt, fahre ich gleich mit und warte in Vietas."

Joka lacht. Er hält es für einen Scherz. Ich lasse ihn in dem Glauben und schaue ihm nach, wie er den Hang hinaufstapft. Es schneit noch immer leicht. Um mich aufzuwärmen, laufe ich die Straße entlang und halte dabei Ausschau nach dem Lastwagen.

Vor zwei, drei Jahren hat es die Straße noch nicht gegeben. Da war sie nur ein Weg am Seeufer entlang. Nur Schlitten konnten im Winter auf diesem Weg fahren. Und vor zwanzig, dreißig Jahren, wie mag es da hier ausgesehen haben? Genauso wie vor zweihundert, dreihundert Jahren? Keine Menschen, keine Tiere. Sicher nicht im Winter. Nur im Sommer, da zogen die Lappen mit ihren Rentierherden hier durch. Ich kann mir vorstellen, wie die Tiere auf den Wiesen am Seeufer weiden, und es fällt mir ein, daß ich das Bild in einem Film gesehen habe: Hunderte oder Tausende von Rentieren grasen auf einer weiten Fläche, langsam ziehen sie dahin, die Köpfe auf dem Boden, nur ab und zu einmal richtet sich ein Tier auf, schüttelt den Kopf, um lästige Mücken zu verscheuchen. Plötzlich kommt Bewegung in die Herde, Männer tauchen auf, schwingen lange Peitschen, die Tiere stoßen einander, drängen vorwärts, fallen in Trab, werden immer schneller, sind schließlich eine einzige donnernde Woge, die das Bild mit Staub und Getöse erfüllt ...

Joka und Beaver sind die ersten, die wieder zur Hütte herunterkommen, Helmut und Edelweiß folgen nach.

„Es ist zu stürmisch", sagt Joka. „Weiter oben ist dichtes Schneetreiben und Nebel. Man kann überhaupt nichts sehen. Keine Markierungen, nichts."

Beaver will etwas sagen. Er ist wohl anderer Meinung. Aber er schüttelt nur den Kopf.

Edelweiß drängt auf eine Entscheidung. „Entweder wir gehen sofort los, dann können wir noch vor Dunkelheit die Vinskydd am Teusajaure erreichen, oder wir fahren nach Vietas zurück."

„Und wie kommen wir morgen früh wieder hierher?" fragt Beaver unwillig. „Wir haben ja gehört, morgen fährt kein Wagen in die Richtung." Auch Joka und Edelweiß sind zum Aufbruch bereit. Helmut schaut mich an. Ich soll entscheiden. Warum gerade ich? Weil ich der Schwächste bin? Keiner spricht es aus, aber ich weiß, daß alle es denken. Wenn ich jetzt nicht den Mut habe, mich zu meiner Schwäche zu bekennen, dann wird die Qual weitergehen, und wir werden heute Nacht wieder umherirren und eine Vinskydd suchen, und ich werde schuld sein, weil ich es hätte verhindern können. Vielleicht hoffen die anderen, daß ich es tue, weil sie sich selbst nicht zum Rückzug entschließen können? Ich klammere mich an diesen Gedanken und sage, was ich denke: „Ich denke, es ist Wahnsinn, jetzt ins Ungewisse loszurennen. Wir könnten uns im Nebel und Schneetreiben verirren, alles mögliche kann passieren ..."

Helmut nickt zustimmend. „Ein anderer Vorschlag", sagt er. „Was haltet ihr davon? Am Nachmittag geht nochmal ein Postbus von Vietas nach Gällivare zurück. Wir könnten mit dem fahren und dann gleich weiter nach Kiruna. Dort bleiben wir über Nacht im Hotel und nehmen den Frühzug nach Abisko. Dann sind wir mittags dort und können von dort in drei bis vier Tagen den Kebnekaise erreichen."

„Das ist überhaupt d i e Idee!" ruft Joka. Auch die anderen scheinen plötzlich erleichtert.

„Klar. Das ist in jedem Fall das Vernünftigste", sagt Edelweiß.

Eine halbe Stunde später hocken wir wieder auf dem Lastwagen, diesmal zwischen einem Dutzend Männern in dunkelblauen Overalls, pelzgefütterten Lederjacken und Mützen mit Ohrenschützern, stumpfäugigen, stumpfnasigen, nach Schnaps riechenden Gestalten, mit denen es keine Verständigung gibt. Es sind Arbeiter, müde und er-

*Rentiere an der Straße*

schöpft von einer Woche Straßenbau in der winterlichen Kälte. In ihren Augen sind wir mit unserer farbigen Kleidung und der fremden Sprache, die sie nicht verstehen, sicher so etwas wie bunte, exotische Vögel. Und wir selbst kommen uns ein wenig wie Eindringlinge in eine fremde Welt vor.

# Wer sind eigentlich die Lappen?

Kiruna ist die größte Stadt der Welt. So haben wir es einmal in der Schule gelernt. In Wahrheit ist Kiruna nicht größer als eine mittlere Provinzstadt, wenn man die Ansammlung der Häuser zum Maßstab nimmt. Aber das allein zählt nicht. Zu Kiruna gehört auch ein Gebiet, in dem es nur Wälder, Berge und Hügel, das sogenannte Fjäll, gibt. Das ganze Gebiet umfaßt über 19 000 Quadratkilometer.

Der junge Schwede, der im Autobus von Gällivare neben mir saß und Englisch sprach, gab mir Nachhilfeunterricht in Geschichte und Geographie. „Dreißigtausend Einwohner leben in Kiruna", sagte er. „Vielleicht sind es auch ein paar mehr, wenn man die Lappen hinzuzählt, die da irgendwo hausen, in der Stadt und auch weit außerhalb. Die Lappen nehmen es mit dem Zählen selbst nicht so genau. Nur das Vieh, das zählen sie. Das ist wichtig. Vieh ist ihr Besitz." Der Schwede machte ein ernstes Gesicht. „Fünfhundert Tiere etwa braucht eine Großfamilie, um rentabel wirtschaften zu können. Sie verkaufen das Fleisch und das Fell. Aber seit dem Sommer 1986 haben viele Familien große Verluste erlitten. Das Fleisch konnte nicht mehr verkauft werden, mußte verbrannt werden, weil es nach

*Der Kirunavara, der Schneehuhnberg, Wahrzeichen von Kiruna*

dem Kernkraftunglück von Tschernobyl strahlenverseucht war. In manchen Weidegebieten ist die Gefahr noch immer nicht vorüber. Der Boden und das Fleisch der Tiere werden immer wieder kontrolliert. Es wird noch lange dauern, bis die Folgen ganz überwunden sind."

Als sich unser Bus den ersten Häusern von Kiruna nähert, fällt mir auf, daß sie alle aus Holzbrettern zusammengefügt sind. Die Wände sind farbig gestrichen, meist rot oder blau, die Balken an den Ecken, am Giebel und die Rahmen um die Fenster weiß. Wir kommen an einem Einkaufszentrum vorbei, an einer Kirche, auch ein Holzbau, und dann am Rathaus, einem roten Backsteingebäude mit schmiedeeisernem Turm.

„Der Turm ist häßlich", sagt der Schwede. Dann lacht er. „Aber viele sind stolz auf ihn."

Das Wahrzeichen von Kiruna ist aber kein Gebäude, sondern ein Berg. Er heißt „Kirunavara", ein Lappenwort, das zu deutsch „Schneehuhnberg" bedeutet. Der Berg ist siebenhundert Meter hoch, oben flach wie eine Torte und nach der Seite abgestuft in Terrassen. Mitten zwischen den Holzhäusern und Appartementblocks sieht diese Ruine von einem Berg eher aus wie eine künstlich aufgeworfene Halde. Seit fast hundert Jahren baut man hier Magneteisen ab. Seither ist der Berg um fünfzig Meter niedriger geworden.

Von meinem Hotelfenster sehe ich auf die Nordflanke, die noch unversehrt scheint und auf der Schnee liegt. Eine Skipiste ist beleuchtet, und ich erkenne zwei Pistenraupen, die sich mit ihren Scheinwerfern über den Hang tasten wie riesige Käfer.

Gleich, nachdem wir angekommen waren, ging ich noch in die Kirche. Nicht, um zu beten, obwohl ein Dank angebracht gewesen wäre. Mich hatte nur die Neugier in die Kirche getrieben. Der junge Schwede im Bus hatte gesagt, wenn ich in die Kirche ginge, würde ich besser verstehen, was die Lappen für Menschen sind. Innen wirkte die Kirche wie eine Lappen-Kota. Aber wie eine nachgemachte, nicht wie eine echte. Die Wände waren mit Balken abgestützt, als seien es Stangen, die ein Zelt tragen müßten. Durch die Giebelfenster fiel düsteres Licht in den kahlen Raum. Farbe gab es nur auf dem Bild über dem Altar. Unter einem sehr blauen Himmel mit sehr weißen Wolken dehnte sich eine unendliche Ebene, und mitten in ihr eine Baumgruppe, von Sonne umstrahlt.

Was hatte der junge Schwede gemeint, als er sagte, in der Kirche würde ich eine Antwort finden? Vielleicht hatte ich ihn falsch verstanden? Vielleicht war seine Bemerkung nur ein Scherz gewesen, den ich nicht begriffen hatte?

In dem Bus waren auch zwei Lappen gewesen, die in Gällivare zugestiegen waren, johlend, jeder eine Schnapsflasche im Hosenbund. Daß sie Lappen waren, erkannte man an der Sprache, diesen glucksenden, jaulenden Lauten, die ich noch von dem Hüttenwirt in Parte im Ohr hatte. Ein Lappenmädchen saß auch im Bus. Sie trug die bunte Tracht, die man von Postkarten und von Prospekten her kennt: leuchtendes Rot mit bestickten Bändern, das Haar unter einer Haube versteckt, die Beine in Strümpfen aus Rentierfell. Sie war mir schon in Gällivare aufgefallen, als wir im Wartesaal des Bahnhofs auf den Anschlußautobus warteten. Ich stellte mich neben sie und ließ mich von Helmut fotografieren. Ich wollte das Bild später vorzeigen können: meine Freundin in Lappland, mein Läppchen.

Die betrunkenen Burschen kamen in den Warteraum, sahen das Mädchen, lachten und grölten, hielten ihr die Schnapsflasche hin, immer näher, bis die Flasche schon fast den Mund berührte. Doch das Mädchen regte sich nicht, es verzog keine Miene, drehte nur schließlich den Kopf zur Seite. Es sah nach Verachtung aus, und ich spürte: Gleich wird etwas geschehen, und ich werde mittendrin sein.

Da stand auch schon der eine Lappe vor mir und hielt mir die Flasche hin. Die glasigen Augen starrten mich an, die wulstigen Lippen formten ein Wort, ein fremdes Wort, ein Tierlaut in meinen Ohren. Ich bekam Angst. Dann sah ich, daß die Flasche noch verschlossen war. Es war ein Kronkorkenverschluß, und der Lappe schnippte mit den Daumen dagegen. Ich schüttelte den Kopf und versuchte ein freundliches Lächeln. Er wandte sich ab, spuckte auf den Boden, nicht vor mich hin, sondern seitlich, schon halb in der Drehung von mir weg, aber doch noch so, daß ich denken konnte, es habe mir gegolten. Ein anderer Mann im Wartesaal, ein Schwede, kam dem Lappen zu Hilfe und reichte ihm einen Öffner.

Jetzt liege ich in der Badewanne im Hotel in Kiruna und bin froh, daß alles vorüber ist, daß es keine Schlägerei gegeben hat, auch nicht später im Bus, als die Burschen erneut versuchten, das Mädchen zum Trinken zu bringen. Plötzlich war eine alte Frau aufgestanden und hatte die Randalierer zurechtgewiesen. Es waren nur wenige Worte gewesen, schrill und bellend, aber danach war es still. Auch der junge Schwede neben mir hatte sich auf die Lippen gebissen und den Kopf gesenkt.

„Wer ist die Frau?" fragte ich leise.

„Ich weiß nicht", flüsterte er. „Ich kenne sie nicht. Aber es ist gut, daß sie die Burschen zurechtgewiesen hat."

Die Frau war schon mit uns in dem Postbus gekommen, der uns von Vietas nach Gällivare gebracht hatte. Auf einer der Haltestationen entlang des Lulevatten-Sees war sie zugestiegen. Der Busfahrer hatte geduldig auf sie gewartet. Sie war mit den Skiern über den See gekommen, von weitem konnten wir sie sehen, wie sie mit ausholenden Schritten und doch ohne Hast in der Spur dahinglitt, bis sie die Straße erreicht hatte. Sie warf die langen Bretter und die Stöcke auf die Postsäcke neben dem Busfahrer, raffte ihre Röcke und ließ sich gleich vorn auf dem Sitz neben Edelweiß nieder, der erschrocken zur Seite rückte.

Bis zu dieser Station hatte Edelweiß freiwillig Dienst als Postgehilfe getan. Immer, wenn der Bus gehalten hatte, war er ausgestiegen und hatte den Postsack hereingeholt, der an einer Stange am Straßenrand hing. Es war ein stillschweigendes Einverständnis zwischen ihm und dem Fahrer gewesen. Zumindest am Anfang der Fahrt. Da hatte es Edelweiß Spaß gemacht, auf die Straße zu springen oder vom Trittbrett des Wagens aus den Postsack zu ergreifen. Nun mußte der Busfahrer bei jeder Station selbst aussteigen, um seine Postsäcke zu holen.

Seit einer Stunde liege ich jetzt schon in der Badewanne und warte darauf, daß mein Körper auftaut. Meine rechte Schulter ist lahm. Wenn ich mir den Hals waschen will, muß ich die Seife in die linke Hand nehmen. Wahrscheinlich ist es nur ein Muskelkater. Größere Sorge machen mir die Füße, genauer gesagt, die Zehen. Sie sind taub. Ich kann mit der Nagelschere hineinstechen. Es tut nicht weh. Und sie sind ganz weiß. Habe ich sie mir erfroren?

Durch die Türe höre ich Joka am Telefon schreien. Endlich hat er seine Verbindung mit München. Am Bahnhof in Gällivare hatte er seine eigene Telefonnummer nicht mehr gewußt. Es war Helmuts Idee gewesen, zu Hause anzurufen. Im Warteraum gab es ein öffentliches Telefon, in das man nur ein paar Kronen einzuwerfen brauchte und direkt nach Deutschland durchwählen konnte. Auch Edelweiß und Beaver telefonierten mit ihren Frauen.

Heute früh, als wir im Nebel über den Akkajaure zogen, waren wir die einsamsten Menschen der Welt gewesen. Heute mittag hatten wir noch auf der Straße in Vakkotavara gestanden, und hätten wir uns nicht für den Rückzug entschieden, wären wir jetzt vielleicht in der eiskalten Vindskydd am Teusajaure. Vielleicht irrten wir auch noch immer im Schneesturm umher. Und am Nachmittag hatten wir eine Münze ins Telefon geworfen und hineingerufen: „Schöne Grüße vom Polarkreis! Wie ist das Wetter bei euch? Regen? Nein, bei uns scheint die Sonne ..." Und jetzt steige ich aus der Badewanne und sehe im Spiegel mein Gesicht, und alles ist am gleichen Tag geschehen.

In einem Reiseführer fand ich die Kirche, die der Schwede im Autobus wahrscheinlich gemeint hatte. Es war die Kirche von Jukkasjärvi, der alten Lappensiedlung, die heute ein Teil der Stadt ist, allerdings zwanzig Kilometer vom

Zentrum entfernt. Die Kirche ist ein kleiner Holzbau, der auf das 18. Jahrhundert zurückgeht. Sie hat einen großen Glockenturm, der zugleich Eingangstor zum Friedhof ist, wo Johan Turi begraben liegt, ein Dichter, der als Klassiker der samischen Literatur gilt. Die Lappen nennen sich ja selbst Sami. Er hat auch gemalt und geschnitzt und sich dabei an den Felszeichnungen orientiert, die in Höhlen und an den Felswänden im nördlichen Lappland entdeckt wurden: Zeugnisse dafür, daß nördlich des Polarkreises schon vor 10 000 Jahren Menschen gelebt haben.

Über dem Altar hängt ein Triptychon. Es sind drei auf Holz gemalte Bilder. Das linke Bild zeigt im Hintergrund den weißverschneiten Berg von Kiruna und die Kirche von Jukkasjärvi, davor einen Prediger im schwarzen Rock, der mit ausgebreiteten Armen vor einer Menschenmenge in bunter Lappentracht steht. Worum es in der Predigt geht, sieht man deutlich im Vordergrund: Ein Lappländer mit reumütigem Gesichtsausdruck zerstampft ein Schnapsfaß.

Auf dem rechten Flügel des Triptychons ist wieder der Prediger zu sehen, diesmal kniend vor einem Mädchen in Lappentracht. Das Haar des Mädchens ist von einem Heiligenschein umstrahlt. Die Beschreibung sagt, daß es sich bei dem Prediger um Lars Levi Laestadius handelt, den pietistischen Reformator, der vor der Jungfrau Maria kniet. Im Hintergrund tanzt ein anderes Lappenmädchen, ohne Heiligenschein, als Ausdruck der reinen Lebensfreude, heißt es im Text. Was mit dem Liebespaar gemeint ist, das sich etwas abseits in trauter Umarmung an den Bildrand drängt, bleibt unklar. Der Reiseführer meint, das Paar versinnbildliche das Sakrament der Beichte und die Lehre des Laestadius, wonach die sündigen Menschen Vergebung erlangten, wenn sie sich ihre Verfehlungen gegenseitig eingestünden.

Das Bild in der Mitte zeigt einen dornengekrönten Christus am Kreuze, aber er hängt nicht eigentlich am Kreuz, sondern lehnt sich eher dagegen, als finde er an ihm Halt. Die Blutstropfen, die von seinem nackten Leib zu Boden rinnen, werden – so erklärt der Text – zu den Blumen Liebe, Glaube, Hoffnung.

Lars Levi Laestadius war ein evangelisch-lutherischer Pfarrer, der von Karesuando aus, einem Dorf an der schwedisch-finnischen Grenze, das ebenfalls heute zum erweiterten Stadtgebiet von Kiruna gehört, in der ersten Hälfte des 19. Jahrhunderts eine pietistische Erweckungsbewegung eingeleitet hat. Er versuchte, die Überlieferungen der heidnischen Naturreligion mit dem Christentum zu verbinden, mit Erfolg, denn er hatte bald eine große Anhängerschar unter den Lappen. Seine Predigten waren gefürchtet, und doch strömten die Menschen von weitem herbei. Laestadius hielt seinen Zuhörern vor, welch' schreckliche, gewissenlose Sünder sie seien, wie sehr sie den Herren beleidigten, wie undankbare, schlechte, böse, streitsüchtige Kinder. Und wenn sie dann in Selbstzerknirschung vergingen und ihre Schuld bekannten, verkündete er ihnen die Erlösung des Barmherzigen, und die Gemeinde brach in Tränen und Jubel der Erleichterung aus.

Das Gemeinschaftserlebnis von Schuld und Erlösung, von Erniedrigung und Reinigung, das muß es gewesen sein, was die Menschen zu Laestadius hingezogen hatte, das Sakrament der Beichte, die Gnade der Erhörung. Nicht mehr allein sein mit der Sünde, sie offenkundig machen, mitteilen und dadurch aufteilen, zerteilen, zunichtemachen können – das ist die Erlösung.

Ich erzähle den anderen von meiner Entdeckung.

„Das ist doch nichts Neues", sagt Beaver. „Warst du mal in einer Negerkirche in Amerika? Wenn die anfangen zu schreien und zu heulen? Zuerst staucht sie der Pfaffe richtig zusammen, und dann singen sie Halleluja!" Er lacht abschätzig. „Was haben die Lappen denn schon groß zu beichten, außer, daß sie gerne saufen?"

Laestadius war zuerst Botaniker gewesen wie Linné, ehe er Prediger wurde. Er hatte die Natur der Pflanzen erforscht und in ihr die göttliche Ordnung entdeckt.

Will man den Zugang zu den Menschen hier oben im Norden finden, dann muß man den Weg wohl über die Natur suchen. Über die wachsende, blühende, gedeihende Natur, aber auch über die Bedingungen, die dieses Wachstum, dieses Gedeihen, dieses Am-Leben-Bleiben und Sich-Vermehren hier oben, am Ende der Welt, schwerer machen als irgendwo anders.

Laestadius hat es versucht, und Linné hat es versucht, jeder auf seine Weise. Laestadius ist zum Kern vorgedrungen, zu den Seelen. Linné hat die Umstände beschrieben, die Erscheinungen, so wie er sie erkannte. Für ihn war das Kennzeichnende an den Lappen die Kleidung, nicht die Seele. Die groben, mehrfach übereinandergeschürzten, bunten Gewänder hatten ihnen den Namen gegeben. *Lappones* – nannte er sie wissenschaftlich-lateinisch. Und er beschrieb ihre Kleidung wie das Flügelmuster eines aufgespießten Schmetterlings; bewundernd, aber mit kühler Distanz. Er konnte sich nicht in die Haut, in das Fell, in die Hülle dieser Menschen hineinversetzen. Er konnte sie nur von außen beobachten und bewerten, indem er sie mit seiner eigenen Hülle verglich.

Die Lappen heißen aber in ihrer eigenen Sprache „Sami" oder „Samer". Das bedeutet so viel wie „Menschen, die im Sumpf leben". Ihr Land, das „Samland", erstreckt sich von der Kola-Halbinsel in Rußland über die

Sumpfwälder zwischen Inari-See und Bottnischem Meer in Finnland bis zu den Fjorden des Nordkaps in Norwegen und den einsamen Tälern des schwedischen Hochgebirges, wo wir uns befanden. 40000 von ihnen leben noch in diesem Land, in das sich vier Staaten teilen: je etwa 17000 in Norwegen und Schweden, die restlichen in Finnland und in der UdSSR.

Daß sie sich Sami nennen, verrät ihre Herkunft aus dem Sumpfland des Ostens. Sie müssen noch von weiterher im Osten gekommen sein, in frühester Zeit. Ihre Vorfahren, vermutet man, waren die Samojeden, ein Nomadenvolk, das westlich des Urals beheimatet war. Vielleicht reichen die Wurzeln noch weiter nach Osten, in die Mongolei, nach Zentralasien. Die Spuren sind verwischt. Nur eines scheint sicher. Der Kern dieses Volkes ist immer ein friedlicher gewesen. Nie haben sie sich durch Kriege hervorgetan, durch Eroberungen. Im Gegenteil. Sie sind immer auf der Flucht gewesen. Jahrhunderte-, jahrtausendelang auf der Flucht vor den Nachbarn, die ihnen die Jagdbeute raubten, die Frauen und die Kinder, die sie versklavten und töteten, weil sie nicht brauchbar waren, weder für Frondienst noch für den Kampf. Weil sie leben wollten, weil sie frei sein wollten. Weil sie so waren, weil sie so sein wollten und nicht so wie die anderen, darum gingen sie fort, immer weiter weg, wo niemand ihren Frieden störte. So gelangten sie in den äußersten, entlegensten Zipfel unseres Kontinents.

Je mehr ich über die Samer erfahre, die Lappländer, die Samländer, um so mehr fühle ich mich ihnen verbunden. Ich beginne allmählich zu begreifen, daß es sich hier um die Reste eines Volkes handelt, das zu Unrecht in Vergessenheit geraten ist. Ein Teil der Menschheit, ein Teil des Menschseins wurde mit diesem Volk verdrängt, an den

*Mein „Läppchen". Sie bekennt sich in ihrer bunten Tracht zur Tradition und Kultur ihres Volkes*

Rand unseres Erdballs, an den Rand unseres Bewußtseins gedrängt.

Ich möchte mehr von diesen Menschen wissen, diesen kleinen, gedrungenen Menschen mit den breiten, offenen Gesichtern, den mongolischen Augen, mit ihren eintönigen Liedern, ihrer singenden Sprache, ihrer Freude an

Buntheit und geometrischen Formen. Ich möchte hinausgehen in die Stadt, jetzt gleich in der Nacht. Die Hälfte der schwedischen Samer wohnt in der Stadt, steht hier in dem Buch. Sie haben das Nomadenleben aufgegeben, haben sich angepaßt an die Zivilisation der anderen Völker, an den Fortschritt, an Elektrizität und Benzin, an Plastik und Beton, an diesen Fortschritt, der sie seit Jahrhunderten verfolgt, der von Süden heraufdringt, unaufhaltsam wie die Flutwellen des Meeres.

Mit meinen Gedanken bin ich bei den Lappen, doch mein Körper ist zu müde, zu erschöpft, fühlt sich in dem warmen Hotelbett zu wohl, um den Gedanken zu folgen und aufzustehen und die anderen bei einem Bummel durch die Stadt zu begleiten.

Ich muß an das Mädchen aus dem Wartesaal in Gällivare denken. Sie hatte mir gefallen, nicht nur wegen ihrer hübschen bunten Tracht. Warum hatte ich sie nicht angesprochen? Ich hätte es zumindest versuchen können. Vielleicht hätte sie mein Englisch verstanden.

Ich starre durch das Fenster in die Nacht. Die schneeweißen Flanken des Kirunavara leuchten herein. Auf der Nachtpiste ist noch Betrieb. Scheinwerfer strahlen den Hang an. Die Lampen des Skilifts reihen sich den Berg hinauf, scheinen sich im Sternenmeer des Nachthimmels fortzusetzen.

In dem Buch über Lappland finde ich ein Gedicht, das die Geschichte eines alten Mannes, Gadja, erzählt, den seine Angehörigen in der Stadt zurückgelassen haben, weil er für das Herumziehen mit der Herde zu schwach geworden war. Gadja sitzt in dem fremden Haus in der fremden Stadt und sehnt sich zurück nach dem Leben in freier Natur und nach dem Tod. Das Gedicht endet mit dem klagenden Ruf:

„Laßt micht ruhen, wo die Herde ruht,
bevor wir weiterziehen.
Nur dort, wo ich die Lebenden höre,
kann der Tod als Freund zu mir kommen.
Ich finde keine Ruhe in diesem Haus,
wo man die Zeit mit Uhren mißt.
Das Bellen der Hunde ganz in der Ferne
sagt es mir: Meine Zeit ist nah ..."

# Im Abisko-Nationalpark, dem Langlaufparadies

Mit dem Zehn-Uhr-Zug, der über Riksgränsen nach Narvik fährt, verlassen wir am anderen Morgen Kiruna. Der Zug ist überfüllt mit Leuten, die vom Süden heraufkommen und das Wochenende in den Bergen verbringen wollen. Meist sind es junge Leute, junge Ehepaare mit kleinen Kindern oder Gruppen von Burschen und Mädchen. Sie tragen handgestrickte Jacken oder Pullover, in den Gepäcknetzen türmen sich Rucksäcke. Die Abteile sind alle besetzt. Wir bleiben im Gang stehen, die Rucksäcke zwischen den Beinen, die Skier in den Händen. Joka bindet die Skier mit einem Riemen zusammen und befestigt ihn am Feuerlöscher. Als der Schaffner kommt, muß der Riemen wieder aufgebunden werden. Auch die Rucksäcke müssen raus aus dem Gang. Der muß frei bleiben, sagt der Schaffner. Das ist Vorschrift. Er öffnet ein Abteil und sagt den Leuten, sie sollen ihr Gepäck zusammenrücken, und wir müssen die Rucksäcke in das Gepäcknetz heben. Er öffnet noch zwei Abteile, und auf einmal ist Platz genug da, und zwei von uns haben sogar einen Sitzplatz. Edelweiß will ihn nicht annehmen, Helmut will auch nicht, Joka ist plötzlich verschwunden. Nur damit der Streit aufhört, setzen wir uns, Beaver und ich. Doch die Leute beachten uns gar nicht. Eine Frau neben mir schläft oder tut wenigstens so. Sie hat die Schuhe ausgezogen und die Füße in den Schoß des Mannes ihr gegenüber gelegt. Am Fenster sitzt ein Mann und liest Zeitung. Ein halbwüchsiges Mädchen ist auch noch da. Es raucht und schaut zum Fenster hinaus. Die Luft im Abteil ist stickig und heiß. Ich ziehe meinen Anorak und einen Pullover aus. Ich muß aufstehen, um die Frau neben mir nicht zu stoßen. Beaver steht auch auf und macht es mir nach. Wir grinsen uns an. Wo sind wir hingeraten? Sind wir noch in Lappland? Oder sind wir nicht in einem Vorortzug von München?

Ich schließe die Augen und stelle mich ebenfalls schlafend wie die Frau neben mir. Ich bin nicht müde, aber ich will nicht Beaver anstarren müssen oder das Mädchen am Fenster oder den Mann gegenüber, der mich durch seine geschlossenen Lider beobachtet, so scheint es mir wenigstens. Zwei Stunden werde ich es noch aushalten müssen, dann werde ich wieder draußen sein, in der Kälte, in der eisigen, sauberen Luft und mich frei fühlen.

Leise öffne ich die Abteiltür und zwänge mich hinaus. Auf dem Gang ist die Luft kühler. Am Fenster steigen Schneedünen auf und nieder. Bäume springen vorbei. Ein Wäldchen aus niedrigen Fichten versucht Schritt zu halten, müht sich vergebens, bleibt schließlich zurück. Am Horizont wachsen Berge. Lappland ist wieder nah.

An der nächsten Station verlassen nur wenige Leute den Zug, aber dann hält er alle Viertelstunden, und jedesmal werden es weniger in den Abteilen. Die weite Ebene auf der rechten Seite, das ist der Torne Träsk, ein achtzig Kilometer langer See, ein Binnenmeer fast, wie mir Helmut erklärt. Links rücken die Berge immer näher, schieben sich mit langen Rücken heran. Manche sehen aus wie gewaltige Pulte, sanft ansteigende Tafeln, die nach einer Seite

Der Abisko-Nationalpark gehört zu den beliebtesten Wander- und Wintersportgebieten im schwedischen Lappland

steil abfallen. Es könnten die Schreibpulte sein, an denen die Götter des Nordens einst ihre Gesetze verfaßten.

Um halb eins sind wir in Abisko. Der Zug hält an der Touriststation, einer Barackensiedlung in der Art, wie wir sie in Saltoloutka kennengelernt haben. Der offene Bahnsteig ist voller Menschen. Alle gehen zur Abisko-Touriststation, einem Sporthotel, oder weiter die Straße hinauf zum Zentrum des Ortes. Wir sind die einzigen, die auf der anderen Seite das Gleis überqueren, nachdem der Zug in Richtung norwegischer Grenze weitergefahren ist.

Neben einem großen, bunten Schild mit der Aufschrift „Abisko-Nationalpark" schnallen wir unsere Skier an. Eine Wegmarkierung mit zwei quergekreuzten roten Balken weist zum Abiskojaure, unserem Ziel für die Nacht. Helmut deutet auf die Markierung.

„Das ist jetzt wieder der Kungsleden", sagt er. „Hier bin ich damals im Sommer gestartet. Bis zur Hütte am Abiskojaure sind es dreizehn Kilometer. Alles flach, keine Steigung."

Der Himmel ist wolkenlos. Die Mittagssonne scheint so warm, daß wir die Anoraks wieder ausziehen und auf die Rucksäcke binden. Helmut übernimmt die Führung. Wir reihen uns ein, wie gewohnt. Die Ski gleiten beinahe von selbst in der Loipe. Doch für Beaver und Joka gleiten sie nicht schnell genug. Die beiden schnallen wieder ab, um zu wachsen.

„Geht nur voraus!" scherzt Beaver. „Wir warten dann in der Hütte auf euch!"

Wir lassen uns Zeit und genießen es, die frische Luft zu atmen, allein zu sein zwischen dem glitzernden Schnee und der strahlenden Sonne. Nachdem wir ein Zwergbirkenwäldchen durchquert haben, gelangen wir in das weite Flußtal des Abiskojåkka. Kilometerweit können wir die roten Markierungskreuze vor uns sehen. Zu beiden Seiten wellt sich die Ebene zu sanften Hügeln.

Mehrere Spuren laufen in der Loipe nebeneinander. Manchmal zweigt eine Spur seitlich ab und verliert sich hinter einer Kuppe. Ein Mann und eine Frau kommen uns auf Skiern entgegen. Sie tragen Kniehosen, bunte Jacken und Zipfelmützen. Der Mann hat eine gebogene Deichsel um die Hüften gelegt, mit der er einen kleinen Schlitten zieht. Die Deichsel hängt gleichzeitig an einem Tragegurt über der Schulter. In dem Schlitten liegt ein kleines Kind, fest in Decken vermummt, nur das Gesicht mit rotglänzenden Bäckchen lugt hervor. Im Vorbeigleiten nicken sie uns zu, rufen ein fröhliches „Hey!"

„Hey!" antworten wir, bemüht, uns dem Tonfall anzupassen und den Ruf freundlich klingen zu lassen und nicht so grob wie das im Deutschen gewohnte „Heh!"

Noch mehrmals begegnen wir Läufern, einzeln oder in Gruppen, die mit weitausholenden Schritten und kräftigen Armbewegungen an uns vorüberziehen, als hätten sie Flügel.

„Man sieht's", sagt Edelweiß, „Langlauf ist hier Volkssport."

Helmut nickt. „Nur Einheimische! Aus Abisko oder vielleicht Wochenendleute aus dem Süden. Wir sind die einzigen Ausländer."

Die Hügel rechts von uns wären auch für kleinere Abfahrten geeignet. Doch dorthin führen keine Spuren. Wir sehen auch nirgends einen Schlepplift. Offensichtlich haben die Einheimischen hier keinen Spaß daran, sich einen Abhang hinaufziehen zu lassen, um dann immer wieder an der gleichen Stelle hinunterzurutschen. Sie suchen sich wohl lieber eine eigene Spur, quer durch das Land, jagen lieber auf ihr dahin wie einst ihre Urväter, die ja den Ski-

*In der fast unberührten Schneewüste*

lauf erfanden, um das Wild besser verfolgen zu können. Aber vielleicht sind die alten Lappen, die Sami oder Samojeden, auch schon Ski gelaufen, nur so aus Freude am Dahingleiten, aus Lust an der rhythmischen Bewegung. Vielleicht haben sie die Skier auch erfunden, um besser fliehen zu können. Sie waren ja Jäger, die selbst gejagt und gehetzt wurden, die bis in den Schnee des Nordens hinaufgeflohen waren.

Auch wir genießen unsere Flucht. Abisko liegt hinter uns, der Zug mit seinen Abteilen voller Menschen ist weitergefahren, Kiruna ist schon vergessen, vor uns ist die Weite, das Unbekannte, die Leere. Sie saugt uns an, diese Leere, wir gehen in ihr auf, werden selbst ein Teil von ihr. Die wenigen Menschen, die unsere Spur kreuzen, werden immer seltener, verschwinden allmählich ganz. Nach einer Stunde sind wir allein mit der Spur, die den Markierungen folgt. Helmut und Edelweiß gehen noch immer voraus. Ich halte Abstand, Joka und Beaver sind weit zurück. Das Wachs war wohl nicht das richtige. Erneut haben sie abgeschnallt und umgewachst.

Über den Bergen im Westen ziehen Dunstwolken auf. Sie verschleiern die Sonne. Gleich wird es kalt. Helmut und Edelweiß ziehen ihre Anoraks wieder an. Ich gehe weiter, beschleunige den Schritt, gleite an ihnen vorbei. Je kälter es wird, um so kräftiger arbeite ich mit den Stöcken. Der Rucksack drückt fest und warm gegen die Wirbelsäule. Der eine Tag Ruhe hat mir gut getan. Ich fühle mich erholt und wieder bei Kräften. Mit Doppelstockschüben finde ich meinen Rhythmus, lasse mich von ihm tragen, schieben und ziehen.

Von weitem schon sehe ich die Hütte. Aus dem Kamin steigt Rauch auf. Es wird also warm sein in der Hütte. Aber wer hat dort schon Feuer gemacht? Neugier treibt mich voran. Die Spur verläßt die Markierung und führt das letzte Stück quer über den See auf die Hütte zu. Die Skier finden schwer Halt auf dem Eis, rutschen seitlich weg. Das Gehen und Gleichgewichthalten strengt an. Doch Stehenbleiben und Verschnaufen kann ich nicht.

Edelweiß und Helmut haben aufgeholt. Sie versuchen einen Endspurt. Doch ich will sie nicht vorbeilassen, ich will als erster an der Hütte sein. Es wird ein Wettrennen. Als gelte es, einen Preis zu gewinnen, hetzen wir uns in der Spur. Ich will vorn sein, als erster am Ziel sein. Es gibt keine Spur mehr. Wir schlittern über blankes, körniges Eis. Helmut ist bereits neben mir. Ich könnte ihn abdrängen, mit dem Stock behindern. Doch das wäre unfair. Nebeneinander kämpfen wir die letzten Meter die Uferböschung hinauf und werfen uns atemlos in den Schnee. Zum Reden fehlt uns die Luft, aber wir lachen. Noch im Liegen schnallen wir ab und befreien uns von den Rucksäcken.

Edelweiß kommt schnaufend heran, schüttelt den Kopf. „Kindsköpfe!" stößt er hervor. „Steht auf! Ihr erkältet euch sonst."

Die Hüttentür öffnet sich, und ein Mann mit weißer Zipfelmütze und bunter Wolljacke tritt heraus. „God tag!" sagt er und streckt uns die Hände entgegen.

Wir sagen, woher wir kommen, und der Mann antwortet in gebrochenem Deutsch, er sei der Hüttenvater Sven, und es sei schön, uns hier zu begrüßen und daß wir nur hereinkommen sollen. Er habe heute seinen siebzigsten Geburtstag. Seine Kinder und Enkelkinder seien in der ganzen Welt verstreut, in Lulea, in Stockholm und in Malmö, überall, weit weg. Sie haben keine Zeit, ihren Großvater zu besuchen, an seinem siebzigsten Geburtstag. Kann man ihnen auch nicht verdenken, nicht wahr?

Sven schaut uns an, und seine Augen schimmern glasig. Wir klopfen ihm auf die Schulter, gratulieren ihm und prosten ihm zu. Er hat uns heißes Wasser für unseren Tee gereicht, und wir geben ihm Whisky. An einem Tisch in der Ecke sitzt ein junges Paar. Helmut geht hinüber und bietet den beiden auch einen Schluck an. Sie kippen sich den Whisky in den Tee und heben die Tassen. Skol! Der Bursche sieht aus wie der blonde Siegfried aus dem Sagenbuch. Sein grobgestrickter Wollpullover erinnert an ein Panzerhemd. Das Mädchen neben ihm ist auch blond, aber schmächtig. Sie reicht ihm kaum bis zu den Schultern. Das Haar hat sie zu Rattenschwanzzöpfen gebunden.

Beaver und Joka kommen herein. Sie sind durchgefroren, haben rote Backen und reiben sich die Finger. Vater Sven legt Holz nach. Er deutet auf die Holzkiste.

„Das wird nicht reichen für die Nacht", sagt er anzüglich.

„Ich mache Holz", sagt Edelweiß. „Wer geht mit?"

Helmut steht auf. Auch die jungen Schweden in der Ecke haben es gehört. Der Bursche erhebt sich schwerfällig. Beaver und Joka nehmen die Zinkeimer mit und füllen sie aus dem Wasserloch am Ufer des Sees.

An der rückwärtigen Wand der Hütte steht ein langer Tisch mit Schubladen. Bestecke liegen darin, Korkenzieher, Flaschenöffner, ein Sieb und anderes Küchenwerkzeug. Unter dem Tisch finde ich Fächer mit Töpfen und Kannen. Darüber hängt ein Regal mit Tassen und Tellern. Alles ist sauber und ordentlich aufgeräumt. Ich übernehme den Küchendienst. Auch die junge Schwedin mit den Rattenschwänzen macht sich an dem Tisch zu schaffen. Sie zündet einen der Petroleumkocher an, die ebenfalls zur Kücheneinrichtung gehören, und setzt einen Topf Wasser auf. Ich öffne drei Dosen Rührei mit Schinken aus unserer Marschverpflegung und stülpe den Inhalt in einen Topf.

Mein Petroleumkocher scheint nicht zu funktionieren. Die Flamme flackert und rußt. Ich versuche erst gar nicht, einen anderen Kocher anzustecken, sondern stelle meinen Topf auf die Ofenplatte.

Helmut und Beaver tragen mehrere Armvoll Holz herein, von Edelweiß und dem schwedischen Hünen gemeinsam gesägte und gehackte Scheite.

Helmut äugt in den Kochtopf.

„Keine Suppe?" Enttäuscht setzt er den Deckel wieder auf den Topf. Die Rühreiportionen sind ihm zu wenig. Er möchte Suppe. Die anderen stimmen ihm zu. Helmut holt aus seinem Rucksack zwei Beutel Tomatensuppe mit Reis. Edelweiß legt noch einen Beutel Linsen mit Speck dazu. Das wird reichen, denke ich und will noch einen Topf Wasser auf den Ofen setzen. Aber das Schwedenmädchen hat inzwischen ihren Topf auch dort abgestellt. Die Platte ist zu klein, um mit drei Töpfen darauf zu kochen. Die Schwedin lächelt und rührt emsig in ihrem Topf, als wolle sie andeuten, daß es an ihr nicht liegen solle, wenn es nicht schnell genug gehe.

Plötzlich wird die Türe aufgestoßen. Zwei vermummte Gestalten schauen herein, und ein eisiger Luftzug fegt zwischen unsere Füße, und dann poltert auch schon eine Gruppe von zehn, zwölf verwegenen Typen in den Raum. Es sind Burschen mit langen, zottigen Haaren, bauschigen Anoraks und Kniehosen. Es scheinen auch einige Mädchen unter ihnen zu sein, man kann es kaum erkennen. Sie schleifen ihre Rucksäcke über den Boden und zerren sie in den Schlafraum. Joka und Helmut folgen ihnen, um unsere Betten und vor allem die Decken zu verteidigen. Die stille Hütte hat sich in einen lärmenden Stall verwandelt.

Es ist dunkel geworden. Vater Sven hängt eine Petroleumlampe auf. Ihr Schatten fällt genau auf den Ofen, und ich muß mit der Taschenlampe in den Kochtopf leuchten, um nachzusehen, ob meine Rühreier schon aufgequollen sind. Es wird nur kleine Portionen geben, und wir werden nicht satt werden, wenn ich nicht noch die Suppe dazu koche. Ich muß also doch versuchen, meinen Petroleumkocher in Gang zu bekommen. Eine Frau im Lodenmantel steht mir im Weg. Sie muß mit der Gruppe hereingekommen sein. Ihren Kocher hat sie bereits angezündet. Jetzt hantiert sie an meinem herum. Ihre Handbewegungen sind flink und sicher.

„Darf ich?" fragt sie und nimmt mir die Taschenlampe aus der Hand, ohne eine Antwort abzuwarten. Sie leuchtet den Kocher von allen Seiten ab, schraubt und bastelt und pumpt an dem Brenner herum, zündet ihn dann erneut an und sagt: „Man muß damit umgehen können. Der Primuskocher ist die größte Erfindung, die die Schweden je gemacht haben. Ohne den Kocher hätte Amundsen nie den Nordpol erobert."

Ihre Stimme klingt tief und rauh, doch ihr Deutsch ist akzentfrei. In der Düsternis des Raumes ist ihr Alter schwer zu schätzen. Das flackernde Licht der Petroleumflamme beleuchtet ein hageres Gesicht, schmale Lippen, eine scharfgeschnittene Nase. „Der Kocher ist nicht nur zum Kochen", sagt sie. „Er heizt auch einen Raum oder ein Zelt. Ganz erstaunlich, aber es ist wahr. Er funktioniert wie eine Heizung. Und Licht gibt er auch." Sie schaut mich an. „Nicht hell genug, wie?" Ein kurzes, spöttisches Grinsen. „Aber es reicht völlig. Die Augen gewöhnen sich daran."

Wie, um es zu beweisen, greift sie nach ihrem kleinen Rucksack, der an dem Kleiderhaken neben dem Ofen hängt, und kramt eine Tüte heraus. Dann schüttelt sie eine Handvoll Haferflocken in das siedende Wasser auf ihrem

Primuskocher, rührt dabei kräftig um und interessiert sich nicht mehr für mich.

Edelweiß, Helmut, Beaver und Joka sitzen am Tisch und machen sich breit, damit keiner von den Neuankömmlingen auf den Gedanken kommt, sich dazuzusetzen. Sie haben eine Kerze in die Mitte gestellt und machen erwartungsvolle Gesichter.

„Küchenbulle!" ruft Edelweiß. „Wann ist Essenausgabe?"

Kann er sich diesen Kommißjargon nicht abgewöhnen? Er lacht dabei, er meint es nicht ernst, ich weiß. Ich finde es trotzdem nicht lustig. Ich schäme mich vor der fremden Frau im Lodenmantel, die so gut deutsch spricht, daß sie auch das schlechte Deutsch verstehen muß. Ich serviere die Rühreier als Vorspeise.

„Die Tomatensuppe gibt es als Nachspeise", sage ich. „Ihr müßt noch warten, bis das Wasser kocht."

Die kleine Blonde mit den Rattenschwänzen hat ihren Topf vom Ofen geholt und sitzt jetzt bei ihrem Begleiter in der Ecke. Die Frau im Lodenmantel hockt sich zu uns an den Tisch und löffelt ihren Haferbrei aus dem Topf. Bedächtig läßt sie den Löffel am Rand entlang kreisen, führt ihn zum Mund, bläst mit gespannten Lippen, bis der Brei etwas abgekühlt ist und schluckt ihn dann langsam kauend hinunter. Sie scheint mit ihren Gedanken weit weg zu sein. Als ihr Beaver seine Zuckerbüchse hinschiebt, erschrickt sie.

„Bitte, bedienen Sie sich!" sagt er.

Sie nickt und streut sich Zucker auf den Brei. „Sie sind aus Deutschland?" Doch sie erwartet keine Antwort. „Wo wollen Sie hin?" fragt sie weiter.

„Zum Kebnekaise."

„Wir haben den gleichen Weg bis zum Alesjaure. Ich gehe mit Ihnen." Sie rührt wieder in ihrem Topf.

Ich schaue Edelweiß und Helmut an. Wollen wir das? Was ist das überhaupt für eine Frau? Gehört sie zu der anderen Gruppe? Ich frage sie. Sie schüttelt den Kopf und stößt ein kehliges Lachen aus.

„Das sind Studenten von der Sporthochschule in Uppsala. Die gehen in den Sarek-Nationalpark. Härtetraining. Das machen sie jedes Jahr." Und dann erzählt sie, daß sie drei Jahre lang Hüttenwirtin in Sälka gewesen ist und die Gegend hier kennt wie keiner sonst. Sie ist von Geburt Österreicherin, war mit einem Schweden verheiratet, der nicht mehr lebt. Sie hat noch eine Tochter, die studiert in Wien, hat sich selbständig gemacht und braucht sie nicht mehr.

„Meine Kinder sind jetzt die Lappen", sagt sie. „Die brauchen mich."

„Gibt es hier Lappen in der Gegend?" fragt Beaver neugierig.

Sie nickt. „Einige wenige, ja. Aber im Winter sind die Dörfer verlassen. Die meisten leben in der Stadt."

Ich will wissen, ob wir auf unserem Weg zum Kebnekaise noch in die Nähe eines Lappendorfes kommen.

„Am Alesjaure", sagt sie, „wo wir morgen sein werden, ist ein Dorf." Und auch die nächste Station in Sälka sei in der Nähe eines Dorfes. Aber wir könnten von Glück reden, wenn wir dort jemanden anträfen. Ein Hüttenwirt werde wohl da sein, der einheizt und ein wenig nach dem Rechten sieht. Aber in den Kotas sei niemand. „Und selbst, wenn eine Kota bewohnt ist", fährt sie fort, „wird sich keiner blicken lassen. Die Lappen sind scheu, sehr scheu."

Vom Reden und vom Essen ist ihr warm geworden. Sie reißt sich die Wollmütze vom Kopf und schiebt sie in die Manteltasche. Ihre Haare sind stahlgrau, kräuseln sich wie Drahtgeflecht um die Stirn.

„Ihre Suppe!" sagt sie und dirigiert mich mit einer Kopfbewegung zum Kocher. Ich kann den Topf gerade noch vom Feuer nehmen, ehe er überkocht. Jeder bekommt zwei Schöpflöffel voll in seinen Teller. Es reicht auch für den Gast. Das seltsame Gemisch von Reis, Linsen und Tomaten scheint sie nicht zu stören. „Schmeckt gut", sagt sie. „Mal was anderes. Ich esse immer nur Haferflocken, wenn ich unterwegs bin. Wenig Gewicht und gute Nahrung."

Ich frage sie weiter aus nach den Lappen, möchte von ihr wissen, was für Menschen sie sind, erzähle ihr von der Begegnung in Gällivare und in dem Bus und frage sie, ob es stimme, daß fast alle Lappen Alkoholiker seien und warum.

„Die Lappen saufen, ja, das ist wahr", sagt sie. „Warum?" Sie zuckt mit den Achseln. „Warum saufen Sie? Warum saufen andere Menschen? Der Grund ist immer derselbe." Sie macht eine Pause, schenkt sich Tee ein. „Jeder hat seinen Grund, jeder glaubt, seinen eigenen Grund zu haben."

Sie blickt mich an. „Sie haben keine Ahnung von den Lappen, nicht wahr? Aber Sie reden über sie. Sie haben einen gesehen, der war betrunken. Oder zwei, oder drei. Aha!" Sie schnalzt mit dem Finger. Ihre Augen funkeln mich an. „Und dann kommen Sie zurück nach Deutschland und erzählen: Ich war in Lappland, ich kenne Lappland, und ich habe Lappen gesehen, die waren betrunken. Die Lappen saufen. So entsteht eine Meinung, ein Urteil." Sie schöpft kurz Atem, trinkt einen Schluck Tee. „Man hat sie verurteilt", fährt sie fort. „Längst verurteilt."

„Ich verstehe, was Sie meinen", sage ich. „Vorurteile. Das ist schlimm. Das geht nicht nur den Lappen so. Alle Minderheiten haben darunter zu leiden."

„Sie verstehen das? Gut! Dann werden Sie auch verstehen, daß mich das aufregt, wenn einer so redet wie Sie. Die Lappen saufen. Warum saufen die eigentlich soviel? Wenn ich so was schon höre!"

„Entschuldigen Sie, ich wollte ja nur ..."

„Sie brauchen sich nicht zu entschuldigen. Nicht bei mir. Ich kenne das. Sie sind nicht der erste und nicht der einzige." Wieder schlürft sie von ihrem Tee. „Drei Jahre habe ich mit den Lappen zusammengelebt", fährt sie etwas ruhiger fort. „Ich habe viele Freunde unter ihnen. Ich kenne diese Leute. Ich weiß, wovon ich rede. Die sind auch keine Heiligen, beileibe nicht! Das sind Menschen wie wir, mit den gleichen Nöten, den gleichen Freuden – nur weniger Chancen, viel, viel weniger Chancen."

Es geht den anderen am Tisch wie mir. Gebannt hängen wir an den Lippen dieser Frau. So schmal und verkniffen diese Lippen auch sind, die Beredtsamkeit, die sie ausdrücken, macht uns stumm. Das Gejohle und Gepolter der Studenten stört uns nicht. Wir hören es, aber der Lärm ist weit weg. Unsere ganze Aufmerksamkeit gilt der Frau an unserem Tisch.

„Man hat ihnen die Wälder genommen. Man macht Papier aus den Wäldern. Papier ist wichtig, nicht wahr? Und man hat ihnen die Flüsse genommen, hat Staudämme gebaut für Elektrizität. Auch Elektrizität ist wichtig, natürlich. Aber nicht für die Lappen. In den Seen sind die Fische gestorben, weil die Laichplätze austrocknen, wenn sie den Wasserspiegel senken. Man hat ihnen viel Geld für ihre Rentiere bezahlt, für das Fleisch, das Fell und das Leder und das Horn, und sie haben immer mehr verkauft, und schließlich haben sie ihre ganzen Herden verkauft und damit auch sich selbst. Sie sind in die Stadt gezogen, sind Arbeiter geworden, Hilfsarbeiter. Einige haben auch etwas gelernt, haben Schulen besucht, haben studiert oder haben ihre Kinder studieren lassen. Sie haben dann bewiesen, daß Lappen auch intelligent sind, daß sie auch einen Verstand haben, nicht schlechter als der von den anderen. Aber dann waren sie keine Lappen mehr und wollten es auch nicht mehr sein. Sie waren einfach Ärzte oder Anwälte oder Kaufleute. Sie waren so wie die anderen. Lappland haben sie vergessen." Die Frau blickt in ihre Teetasse und schweigt.

„Wieviel leben noch hier in den Bergen?" frage ich, um sie zum Weiterreden zu bringen.

„Zwei- bis dreitausend. Keiner weiß das so genau. Sie leben auch nicht immer hier. Sie sind keine Nomaden mehr wie früher. Sie haben eine Wohnung in der Stadt. Viele haben ein Auto und einen Wohnanhänger, und damit fahren sie dann im Sommer hinter ihren Herden her. Sie müssen den Rentieren immer nachfahren, verstehen Sie? Die Tiere fressen nicht, wenn sie am gleichen Platz sind. Sie fressen nur, wenn sie gehen. Sie müssen immer weiterziehen. Und die Hirten müssen ihnen folgen. Deshalb sind die Lappen Nomaden geworden. Aber nur die Rentier-Lappen. Die Fluß-Lappen nicht, und die See-Lappen auch nicht. Die haben jahrhundertelang immer in ihren Dörfern gelebt. Was sage ich, Jahrtausende. Eine Ewigkeit haben sie hier gelebt, in dieser Natur, mit dieser Natur, für diese Natur. Heute sagt man Umwelt." Sie sagt es verächtlich, als sei es ein Kunstwort. „Sie haben diese Umwelt niemals verdorben", fährt sie fort. „Niemals. Das war ein natürlicher Kreislauf von Mensch und Tier und Natur. Aber heute ... ha!" wütend stößt sie die Luft aus. „Heute, in zehn, in zwanzig Jahren ist alles vernichtet, was tausend Jahre lebendig war. Zum Nutzen der Menschheit! Daß ich nicht lache!"

Mit energischen Handgriffen sammelt sie unsere Teller ein, trägt sie zum Küchentisch und beginnt abzuspülen. Wir protestieren, doch sie wehrt schroff ab. Ich muß ihr frisches Wasser bringen, darf beim Abtrocknen helfen. Edelweiß macht Eintragungen in sein Fahrtenbuch. Helmut und Beaver schreiben Postkarten. Der Hüttenwirt hat gesagt, daß morgen oder übermorgen ein Postschlitten kommt und die Karten nach Abisko mitnimmt. Joka war kurz draußen gewesen und berichtet, daß es 28 Grad unter Null hat. Es wird eine kalte Nacht. Wir sollten eine Feuerwache einteilen, damit der Ofen nicht ausgeht. Die Studenten haben ununterbrochen Holz nachgelegt. Der Vorrat, den wir bereitgelegt hatten, ist fast aufgebraucht. Doch jetzt will keiner mehr hinausgehen und Holz hacken. Einer von der Gruppe hat eine Gitarre. Er schlägt wild auf die Saiten, und alle singen mit.

Die Frau hat ihren Lodenmantel ausgezogen und ihn auf eines der letzten freien Betten im Schlafraum geworfen, an der Fensterseite, dort, wo es am kältesten ist. Dann setzt sie sich wieder zu uns an den Tisch. Wir fordern sie auf, uns noch mehr von den Lappen zu erzählen.

„Erzählen?" sagt sie. „Ich kann schlecht erzählen. Es gibt viele Geschichten, uralte Geschichten. Es gibt Bücher, samische Dichtungen. Die sollten Sie lesen."

Sie ist wirkliche keine Erzählerin, diese Frau. Ihre Stimme ist rauh, ihre Worte sind ungeschliffen. Und trotzdem redet sie fast ununterbrochen. Etwas ist in ihr, das sie drängt zu reden. Und die Gelegenheit ist da, eine seltene Gelegenheit wohl. Über die Literatur und die Kunst kommen wir auf die Religion.

„Laestadius", sagt sie, „war nur eine Brücke. Die Samen sind ein Naturvolk. Sie haben eine Naturreligion, die reicht viel, viel weiter zurück als das Christentum. „Sie gehen am Sonntag in die Kirche, o ja, sie beten und singen. Alles, wie es sein soll." Ihre brüchige Stimme klingt bitter. „Aber ohne Kompaß finden sie den Weg nicht mehr. Ich kenne einen, Balto, den Sippenältesten von Levasjärvi. Der kann noch den Schnee riechen. Er ist noch einer von den wenigen. Er nimmt den Schnee in die Hand, und es kann Nacht sein und dicker Nebel und sonst nichts, aber er riecht am Schnee, und dann weiß er, wohin er gehen muß. Er hat das nie gelernt. Er weiß das. Ravna weiß es nicht mehr, sein Sohn. Der Vater hat es ihm nicht beibringen können. Ravna weiß, wie man einen Motorschlitten repariert, und er weiß, wie er den Kompaß lesen muß, um wieviel Grad die Nadel abweicht, wenn er dem Kirunavara zu nahe kommt. Aber ohne Kompaß fährt er nachts nicht über den See. Der Motorschlitten kann die Wasserlöcher nicht riechen." Ihre Hand fächelt wild durch die Luft. Sie schaut Beaver durchdringend an, dann mich, so als hätten wir Zweifel an ihren Worten.

Leiser, mit fast stimmloser Stimme, fährt sie fort: „Wir sprachen von Religion." Sie zuckt mit den Schultern. „Ein Kompaß zur Orientierung. Bei Nacht, im Nebel. Die Alten brauchten den Kompaß nicht, sie hatten ihn in sich. Oder besser: sie brauchten ihn nicht. Sie suchten nicht den rechten Weg. Sie wußten: Da, wo ich gehe, da ist der rechte Weg. Und die Jungen, die wissen es nicht mehr. Aber sie sind nicht glücklich mit ihrem Kompaß. Ravna würde viel darum geben, wenn er die Gaben seines Vaters hätte.

Wissen Sie, das mit den Alten und den Jungen, das ist auch nicht so, wie viele meinen. Die Alten sind für das Alte, die Jungen für das Neue." Sie holt Luft und richtet sich auf. „Balto und Ravna, das sind Ausnahmen. Meist ist es ja umgekehrt. Die Alten sind müde geworden. Sie können auch sagen: degeneriert oder denaturiert. Sie sind in die Stadt gezogen und wollen bequem leben. Aus Faulheit, aus Trägheit, aus Müdigkeit. Sie sind müde geworden von alledem." Wieder ihre hochfahrende, wegwerfende Handbewegung. „Und dann trinken sie, ja, Sie haben schon recht. Sie trinken. Aber da gibt es diese Jungen, die haben auf einmal begriffen, daß ihre Zukunft in der Vergangenheit liegt. Die sind es, die wieder zurückgehen in die Berge, die wieder die alte Tracht anziehen, die alten Lieder singen, die stolz darauf sind, Lappe zu sein, der Herr dieses Landes..."

Ihre Augen leuchten. Sie erzählt von der Schule in Jokkmokk, daß sie es jetzt endlich durchgesetzt haben, daß der Lehrer ein Lappe ist und nicht mehr ein Schwede aus dem Süden, wie bisher. Und von dem neuen Gesetz, das wenigstens in den Dörfern und Siedlungen den Lappen ihr Bodenrecht sichert.

„In einem Lappendorf darf keiner bauen, wenn es der Dorfälteste nicht erlaubt." Sie lacht tonlos. „Balto hat es ausprobiert. Sie wollten in Levasjärvi eine Unterkunftshütte bauen, die Leute vom Touristenverein. Sie kamen zu Balto und fragten. Aber Balto sagte nein. Und sie kamen immer wieder und fragten, aber er sagte immer wieder nein. Wenn sie eine neue Hütte bauen wollten, dann sollten sie außerhalb des Dorfes bauen. Und das haben sie dann auch gemacht. Es gibt keinen Sinn. Ich habe Balto gefragt, warum er nein gesagt hat. Wissen Sie, was er mir geantwortet hat?" Die Frau schaut uns der Reihe nach an. „‚Weil es so schön ist, nein zu sagen' hat er geantwortet. ‚Es war das erstemal, daß ich nein sagen konnte, und das Gesetz war für mich!'"

# Als letzter in der Spur zum Alesjaure

Milchig grau schimmert das Licht durch die zugefrorene Scheibe. Verflixt, ich muß aufstehen, muß hinaus. Doch die Kälte hält mich zurück. In meinem Schlafsack unter zwei Wolldecken bin ich geborgen, spüre die Kälte zwar, aber doch nicht so sehr. Nur im Gesicht, auf der Stirn, da beißt der Frost, und ich ziehe die Decke über die Ohren. Kostbare Minuten. Doch, ich muß! Der Aufschub bedeutet Qual. Also, raffe dich auf! Eine Minute noch... zehn Atemzüge noch. Kann ich nicht warten, bis ein anderer aufsteht und Feuer macht? Nein, ich kann nicht. Ich muß...

Das Morgenlicht ist heller geworden. Ich presse die Hand gegen das Hüttenfenster. Das Eis brennt wie Feuer. Mit den Nägeln kratze ich eine Spur in die kristallene Schicht. Blauer Himmel erscheint, tiefblau-violett. Irgendwo ist auch schon die Sonne. Auf den Gipfeln leuchtet der Schnee rosarot. Die Bergflanken glänzen elfenbeinweiß. Was für ein Tag! Herrlicher Morgen!

Zitternd steige ich in die wattierten Hosen, in die filzgefütterten Stiefel, ziehe Pullover und Anorak an und stülpe die Wollmütze über. Wie ich aus der Hütte trete, gefriert mir der Atem zwischen den Zähnen. Das Thermometer neben der Tür zeigt 34 Grad minus.

Als ich zurückkomme, ist es in der Hütte lebendig. Es scheint, alle haben nur darauf gewartet, daß einer den Anfang macht und aufsteht. Zwei Studenten blasen das Feuer an, einer ist schon mit dem Eimer unterwegs zum Wasserloch. Vater Sven pumpt einen Primuskocher auf Druck. Im Schlafraum herrscht Gedränge. Joka wankt mir entgegen.

„Kalt?" fragt er mit verschlafenen Augen.

„Kalt", sage ich. „Nimm Handschuhe mit!"
Er lacht. Mit vor Kälte bibbernder Stimme tremoliert er: „Kennst du das La-and, wo man mit Hut und Ha-and--schuhen aufs Häusl geh-eht? Das ist das La-and, das Lappen--la-nd..."
Die Studenten sind als erste fertig und schon im Aufbruch, als wir noch beim Frühstück sitzen. Mit Schulterklopfen verabschieden sie sich. Die Tür fliegt auf und zu und wieder auf, weil immer noch einer etwas vergessen hat. Sie lachen und johlen, wir schimpfen wegen der Kälte, und endlich sind sie draußen, und es ist wieder still in der Hütte.
Alles scheint genauso wie gestern abend: Am Tisch in der Ecke sitzt Siegfried mit seiner Sieglinde, als habe er die ganze Nacht dort gesessen. Vater Sven blättert im Hütten-

*Die Abiskojaure-Hütte ist Stützpunkt für die Langläufer, aber auch Ausgangspunkt für Gebirgstouren entlang des „Kungsleden"*

buch. Helmut und Edelweiß schreiben noch immer Postkarten. Als sei mit der Kälte der Polarnacht auch die Zeit eingefroren.

Frau Palmgren – die Lappentante, wie Beaver sie getauft hat – hilft mir beim Spülen und Aufräumen des Geschirrs. Wir haben uns einander vorgestellt und die Adressen ausgetauscht. Ein Versuch, den Kontakt nicht abreißen zu lassen, die Bekanntschaft festzuhalten, für später, für irgendwann. Man weiß ja nie.

„Sie wollen mir schreiben?" Wieder diese hochfahrende Armbewegung, die ich schon kenne. „Wenn Sie wollen, bitte. Aber Sie werden es doch nicht tun. Warum auch? Die Zeit vergeht schnell. Es gibt Wichtigeres als Briefe schreiben."

Wir tragen unsere Rucksäcke hinaus. Blond-Siegfried winkt lässig. „God tur!" Zwischen den Fingern hält er eine Zigarette. Es paßt gar nicht zu ihm. Wenn er schon raucht, sollte er Pfeife rauchen. Vater Sven kommt mit vor die Tür und gibt jedem die Hand. „God tur!" wiederholt auch er immer wieder.

Die Kälte ist schneidend. Rasch ziehe ich den Handschuh wieder an. Frau Palmgren wirkt in ihrem langen Lodenmantel, der altmodischen Rucksackbirne, ausgebeulten Schnürstiefeln und den breiten Holzbrettern an den Füßen im Vergleich zu unseren sportlichen Anoraks, roten und blauen Perlon-Überhosen und neuen Tourenskiern mit Langlaufbindung wie eine Karikatur. Doch sie scheint es nicht zu merken.

„Gehen Sie nur zu", sagt sie selbstsicher. „Ich komme langsam nach."

Wir reihen uns ein und folgen der Spur, die uns die Studenten gezogen haben. Der Schnee ist stumpf vor Kälte. Aber die Spur steigt an, und es ist gut, daß die Skier nicht zurückrutschen. Wir verlassen den Abiskojaure und das Tal des Abiskojåkka und streben nach Südosten einen Berghang hinauf. Das Gehen ist angenehm. Ich habe keine Mühe, Beaver zu folgen, und nachdem ich die Führung übernommen habe, lege ich noch einen Schritt zu. Die Kälte spüre ich nur beim Atmen. Der Körper ist warm, die Muskeln sind locker. Die Krise scheint endgültig überwunden zu sein.

Die Spur durchquert ein Seitental und steigt dann noch steiler bergan. Rings um uns ragen Gipfel auf, die an die Alpen erinnern. Sie haben Felskronen und weitschwingende weiße Mäntel, die dazu locken, sie mit einem Muster aus Skispuren zu zieren.

Die Hütte ist nicht mehr zu sehen. Aber weit zurück erkenne ich Frau Palmgren. Sie stapft gemächlich in unserer Spur. Wenn mich Joka ablöst und ich als letzter in die Spur gehe, werde ich auf sie warten. Ich möchte noch mehr von ihr hören, über das Leben hier oben im Norden und über sie selbst.

Die Frau ist der Typ von Frau, zu dem man Vertrauen hat. Keine Frau zum Lieben, auch keine Mutter. Eine Tante eher, eine gute Verwandte, eine Lehrerin. Vielleicht eine von den Ursulinerinnen, bei denen ich oft in den Ferien war. Ich kann gut verstehen, daß auch die Lappen zu ihr Vertrauen haben.

Joka hat die Führung übernommen. Ich bin neben die Spur getreten und lasse die anderen vorbei. Der Anstieg wird steiler. Ich muß meine Kräfte schonen. Doch wenn ich wollte, könnte ich das Tempo halten und mit den anderen mitgehen. Aber es muß ja nicht sein. Frau Palmgren ist ja noch hinter mir. Ich mache öfters Pausen, beuge mich vor, stütze mich auf die Stöcke, um die schmerzende Schulter zu entlasten.

Unsere Spur war ihr wohl zu steil. Frau Palmgren hat sich einen eigenen Weg gesucht, mehr schräg zum Hang und in spitzen Serpentinen. Ihre altmodischen Skier haben nicht die eingeklebten Fellstreifen wie die unsrigen, sie hat es deshalb schwerer. Trotzdem kommt sie erstaunlich schnell voran. Sie ist schon fast auf gleicher Höhe mit mir. Wenn ich ihr im spitzen Winkel entgegensteige, müssen sich unsere Spuren treffen. Die Frau kommt ja doch schneller voran als ich dachte. Sie hat keinen so schweren Rucksack. Sie ist schon über mir, ehe sich unsere Spuren kreuzen.

„Geht es?" ruft sie.

„Ja, sicher." Was soll diese Frage? Will sie mich verspotten? Glaubt sie vielleicht, ich könne nicht mehr? Mit ein paar kräftigen Grätschschritten, zu hastig fast, so daß ich beinahe gestolpert wäre, habe ich ihre Spur erreicht. Sie geht ruhig weiter, bedächtig, scheinbar mühelos. Ich gönne mir keine Pause, obwohl ich etwas außer Atem bin. Ich brauche nur hinter ihr herzugehen. Sie hat den richtigen Rhythmus: langsam, gleichmäßig, stetig. Erstaunlich, wie gut sie mit den alten Skiern vorankommt.

„Haben Sie eigentlich Stahlkanten?" Es war nur so eine Frage, um wieder mit ihr ins Gespräch zu kommen.

„Ja, sicher", antwortet sie. Es sind meine Worte von eben, mein eigener Tonfall: erstaunte, höfliche Zurechtweisung. Ohne sich umzuwenden zieht sie weiter. Ihre Stiefel machen ein schlappendes Geräusch.

Die Lust nach einer Unterhaltung ist mir vergangen. Es war dumm von mir, auf die Frau zu warten. Es hat mich wertvolle Zeit gekostet, einen Vorsprung habe ich verschenkt. Die anderen sind weit voraus, schon über eine Kuppe entschwunden. Wieder einmal bin ich der letzte in der Spur. Aber ich werde mich an diese Frau anhängen, werde mich von ihr ziehen lassen, von ihren handgeschnitzten Museumshölzern. Und Ski fahren kann ich auch besser. Wir werden ja sehen, wenn es bergab geht. Da wird sie mir nicht mehr vorausstapfen wie eine Lokomotive, da werde ich an ihr vorbeibrausen, die Stöcke unter die Arme geklemmt. „Na, geht's?" werde ich ihr zurufen, und dann werde ich ihr zeigen, was Skifahren ist.

Sie hat einen anderen Rhythmus als ich. Ihre Schritte sind länger. Warum macht sie keine kürzeren Schritte? Dann könnte ich ihr besser folgen. Bergauf macht man kürzere Schritte, man schaltet einen Gang zurück, sozusagen, so habe ich es gelernt. So wie die Frau geht, ist es ganz falsch. Das ermüdet und fordert viel zu viel Kraft. Ich muß etwas Abstand halten, um ihr nicht fortwährend auf die Skienden zu steigen. Dieser langsame Gleitschritt macht mich nervös. Geht sie mit Absicht so langsam? Wegen mir?

„Sie können ruhig schneller gehen, wegen mir!" rufe ich.

Sie bleibt stehen, blickt nach der Seite. „Wollen Sie vorbei?" Sie wendet den Kopf noch mehr, lächelt mich an, gütig, sehr bescheiden, hilfreich bemüht.

„Nein, nein. Ich meine nur. Wegen mir brauchen Sie nicht langsam zu gehen."

„Es ist mein Tempo", sagt sie. „Ich gehe immer so." Und schon gleitet sie weiter, die Arme ausgestreckt, die Stiefel schlappen in der Bindung, die Skier schleifen durch den körnigen Schnee.

Soll sie ihr Tempo haben! Ich trete aus ihrer Spur. Mit meinen Fellstreifen komme ich doch viel besser voran. Ich gehe meine eigene Spur, steiler, kürzer und schneller.

Je höher ich komme, um so fester wird der Schnee. Der Wind hat ihn zu eisharten Platten gepreßt. Dort, wo sich die Platten übereinanderschieben, liegt lockerer Triebschnee. Hier finden die Skier guten Halt. Ich taste mich an den Rändern entlang von einer Platte zur nächsten. Wenn der Schnee ganz verweht ist, muß ich seitlich im Treppenschritt die Stahlkanten eindrücken, um nicht abzurutschen. Es ist mühsam, aber ich gewinne an Höhe.

Die Lappentante ist nicht mehr zu sehen. Sie ist schräg zum Hang weitergegangen und sicher noch weit unter mir. Ich habe die Kuppe erreicht. Von unten sah es so aus, als sei hier die Steigung zu Ende. Aber es geht noch weiter hinauf, nicht mehr ganz so steil, aber doch stetig weiter bergan. Ganz oben auf einem Sattel leuchten die roten Anoraks von Helmut und Edelweiß. Eine Hand winkt. Oder täusche ich mich? Die Entfernung ist zu groß. Ich suche nach der Spur. In dem windgepreßten Schnee ist sie kaum zu erkennen. Als ich wieder hoch schaue, sind die beiden verschwunden. Sie haben wohl nur auf mein Auftauchen gewartet, um sicher zu sein, daß ich auch bestimmt nachkomme.

Der Rucksack schneidet mir die Schultern entzwei. Die alten Druckstellen melden sich wieder. Immer öfter halte ich an und verharre minutenlang gekrümmt, auf die Stökke gestützt, schnaufend, Kraft schöpfend bis zur nächsten Etappe. Oft sind es nur zwanzig Schritte oder dreißig, dann stehe ich schon wieder.

Fast habe ich den Sattel erreicht, da sehe ich seitlich von mir den Lodenmantel auftauchen. Ich war sicher, daß die Frau noch hinter mir ist, doch das war ein Irrtum. Sie hat mich überrundet, ist im Bogen durch die Mulde an mir vorbei und stapft jetzt voraus, ohne mich zu beachten. Dicht hinter ihr folgen noch zwei Gestalten. Es ist der blonde Siegfried mit seiner Sieglinde. Sie waren doch noch gemütlich beim Kaffeetrinken gewesen, als wir die Hütte verlassen hatten. Auch sie sind den Schleichweg gegangen.

Sicher kam man dort in der Mulde besser voran als über den Eisplatten.

Die drei bilden jetzt eine Gruppe. Gemeinsam ziehen sie weiter, Frau Palmgren voran, das Paar hinterher. Hinter ihnen erreiche schließlich auch ich den Sattel. Ab hier verläuft die Spur schräg nach rechts einen Steilhang entlang. Der Schnee ist hier locker, und die Spur hat sich tief eingegraben. Die Skier gleiten gut. Mit Doppelstockschüben versuche ich den Abstand nach vorn zu verkürzen. Es wäre mir auch sicher gelungen, aber mit einer Skispitze bleibe ich im Tiefschnee hängen und verliere das Gleichgewicht. Bis ich mich wieder aus dem Schnee herausgearbeitet und von der Anstrengung des Aufstehens erholt habe, sind die drei aus meinem Blickfeld verschwunden. Mir bleibt nur ihre Spur. Die Versuchung ist groß, jetzt, wo niemand es sieht, in den Schnee zurückzusinken, liegenzubleiben, nur fünf Minuten, nur zwei, vielleicht. Aber ich weiß, wenn ich dieser Versuchung nachgebe, dann wird das Weitergehen noch schwerer, und der Abstand zu den anderen wird immer größer. Das darf nicht sein. Ich muß in Bewegung bleiben, ich muß mit den anderen gehen, muß wieder Anschluß gewinnen, sonst bin ich verloren.

Meine Uhr zeigt halb zwölf. Bald werden sie Mittagsrast halten. Edelweiß wird eine geschützte Stelle suchen, und dort werden sie auf mich warten. Ich stapfe weiter, vorsichtiger jetzt, damit ich nicht wieder stürze. Der Steilhang flacht allmählich ab und gibt den Blick frei in ein schmales Hochtal. Weit voraus sehe ich Frau Palmgren. Wie eine mechanische Puppe bewegt sie sich fort. Wo ist das junge Paar geblieben? In der Ferne, am Ende des Hochtales, ragen Felsen aus dem Schnee. Dazwischen leuchtet es rot: die Anoraks von Helmut und Edelweiß. Bis ich den Rastplatz erreiche, wird eine halbe Stunde vergehen.

Der Himmel hat sich bedeckt: milchig diffuses Licht, keine Schatten, kein Oben, kein Unten. Der leichte Wind wird heftiger. Er bläst aus Nordwest, schräg von hinten fällt er mir in den Rücken, schiebt mich voran. Wenn nur der schwere Rucksack nicht wäre! Ich lasse die Arme herabhängen und die Traggurte auf den Schultern nach außen rutschen. Es hilft nur kurz, dann ist der Schmerz erneut da.

Bei den Felsen erkenne ich Joka und Beaver. Sie nehmen ihre Rücksäcke auf und folgen der Frau, die ohne anzuhalten an ihnen vorbeizieht. Helmut und Edelweiß warten noch. Sie nehmen mir den Rucksack ab, reichen mir heißen Tee und muntern mich auf.

„Gut die Hälfte haben wir schon", sagt Edelweiß. „Keine Steigung mehr. Wir bleiben zusammen. Dann geht es leichter. Die Quartiermacher sind schon voraus."

Ich winke ab. Sie sollen nicht denken, ich sei zu erschöpft. „Ich gehe gerne allein", sage ich. „Wir haben ja Zeit, oder? Geht nur voraus! Ich komme in der Spur nach."

Sie warten trotzdem. Als wir aufbrechen, nehmen sie mich in die Mitte, Helmut voraus, Edelweiß dicht hinter mir. Sie sagen kein Wort. Kein Vorwurf, kein Scherz, keine Stichelei. Aber ich kenne ihre Gedanken: Du bleibst jetzt bei uns... wir haben keine Lust, ständig zu warten... vielleicht noch zurückzugehen und dich zu suchen... du gehörst zu uns, also halte dich gefälligst an uns... alleine gehen kannst du ein andermal... ohne dich wären wir schon am Ziel...

Der Wind ist noch stärker geworden. Eisig bläst er an den Hinterkopf und um die Ohren. Wir haben die Kapuzen übergezogen. Meine Finger sind klamm. Die Viertelstunde Rast hat mir nicht gutgetan. Mein Körper ist kalt, die Glieder sind steif. Ich fühle mich hohl und ohne Kraft. Mechanisch gleiten meine Skier hinter denen Helmuts her, berühren fast deren Enden, folgen deren Rhythmus: rechts... links, rechts... links, ein Rhythmus, der nicht der meine ist, der mir aufgezwungen wird, getrieben von dem Mann hinter mir, der mir keine Wahl läßt, dessen Skispitzen nach mir züngeln wie Schlangen, drohen wie Schwerter, wie Dolche.

Wieder kommt die Wut in mir hoch, die Wut auf die anderen, die mich zerren und schieben, die mich in die Mitte nehmen, die mir keine Chance lassen; keine Chance, allein zu sein, allein zu gehen, meinen eigenen Weg, mein eigenes Tempo, zu meinem eigenen Ziel.

Und dann nagt die Wut an mir selbst. Warum habe ich mich auf diesen Wahnsinn hier eingelassen? Welcher Teufel hat mich geritten? Stundenlang, tagelang durch diese Schneewüste zu irren, mich mit diesem Rucksack zu quälen, mit diesem Ballast. Ich schleppe viel zu viel Zeug mit mir herum, Pullover, Hemden, Unterwäsche, Waschzeug, Rasierzeug, Schachteln und Tüten mit Eßzeug. Die anderen ja auch, aber ihnen scheint das Gewicht nicht soviel auszumachen. Die Frau im Lodenmantel, die so unsportlich wirkt, sie macht es richtig. Sie trägt in ihrer altmodischen Rucksackbirne nur halb soviel – und das genügt auch.

Wir ziehen stumm in der Spur dahin. Arme und Beine bewegen sich von selbst, werden mitgerissen von den Stöcken und Skiern. Das Gehirn denkt: Halt! Aufhören! Ich kann nicht mehr! Doch der Körper antwortet nicht. Er lebt weiter, läuft weiter, zuckt und zappelt auch ohne Gehirn, wie das Huhn ohne Kopf, das noch mit den Flügeln schlägt.

Die Wut ist verraucht. Auch sie kann nicht mehr, ist verpufft.

Einmal noch machen wir kurze Rast. Die Thermosflasche kreist. Die Gesichter von Helmut und Edelweiß sind grau, ohne Ausdruck. Helmut verteilt Schokolade. Sie zergeht von selbst im Mund, erspart die Anstrengung des Kauens. Die Kälte treibt uns weiter. Edelweiß geht jetzt voran, Helmut folgt ihm. Die Spur verläuft eben, senkt sich sogar etwas. Keine Sorge also, daß ich nicht mithalten kann. Meine Skier gleiten von selbst in die Spur und hängen sich an den Vordermann. Doch der Abstand wird größer. Vergeblich versuche ich, aufzuholen. Die beiden ziehen davon, blicken sich nicht einmal mehr um.

Wir sind bereits am Alesjaure. Seit einiger Zeit schon. Edelweiß hat es gesagt. Doch ich kann den See nicht erkennen. Der Schnee deckt alles zu, das grau-grelle Licht macht uns blind. „Die Spur führt am Westufer entlang", hat Edelweiß gesagt. „Der See ist nur ein paar hundert Meter breit, aber fünfzehn Kilometer lang. Am unteren Ende liegt die Hütte, nicht zu verfehlen." Zu sehen ist nichts. Der Wind bläst jetzt so stark, daß der Schnee unter unseren Füßen zu fliegen beginnt. Die beiden Gestalten vor mir sind farblose Schatten. Einmal sind sie vor mir, dann scheinen sie verschwunden, tauchen seitlich noch einmal auf, steigen himmelwärts, tanzen auf und nieder, ganz fern, dann hat sie der fliegende Schnee verschlungen.

Der eisige Wind schiebt mich voran. Bin ich noch in der Spur? Meine Skier folgen dem Geleise im Schnee. Ich kann die Augen schließen, brauche nur aufrecht zu bleiben. Der Wind trägt mich, schiebt mich voran.

Plötzlich ist die Hütte da. Unverhofft steht sie vor mir wie das Traumschloß im Märchen, das sich der Schweinehirt herbeigewünscht hat. Joka und Beaver zersägen vor dem Holzschuppen einen Baumstamm. Edelweiß schwingt eine Axt.

Ich habe nicht mehr die Kraft, meine Skier aufzuheben, steige nur aus der Bindung, lasse den Rucksack von den

Schultern gleiten und schleppe ihn und mich durch die Tür. Frau Palmgren steht da, noch immer im Lodenmantel, und hält mir mit ausgestrecktem Arm eine Tasse heißen Tee entgegen. Meine Finger sind steif. Sie umklammern die Tasse. Die Hände zittern. Ich muß mich setzen. Dann wird mir schwarz vor Augen.

Sie bringen Feuerholz herein. Polternd fällt es zu Boden. Die Wassereimer klirren. Ständig geht die Hüttentüre auf und knallt wieder zu. Die Stimmen sind laut, Schwedisch und Deutsch. Doch ich verstehe kein Wort. Sie haben mich im Schlafraum auf eine Matratze gelegt, haben mir Schuhe und Anorak ausgezogen und Decken über mich gebreitet. Durch den Türrahmen kann ich den eisernen Ofen sehen, den Schimmer flackernder Kerzen. Ich bin weit weg, aber die Geräusche sind so nah und so laut, daß sie wehtun. Noch einmal versinke ich in bewußtlosen Schlaf.

Eine Hand weckt mich. Es ist Frau Palmgren. Sie hält mir einen Topf Haferbrei unter die Nase. „Da, essen Sie! Aber Vorsicht! Heiß! Sie müssen etwas essen, das macht warm!"

Ich richte mich auf. Mich fröstelt noch immer. „Bleiben Sie liegen", sagt sie. „Es sind sowieso zu wenig Stühle da." Sie drückt mir den Topf in die eine und den Löffel in die andere Hand. „Essen Sie!" sagt sie noch einmal. Dann geht sie wieder zu den anderen.

Ich lehne mich an den Bettpfosten und löffle den Haferbrei, widerwillig, aber gehorsam. Der Geruch des Haferbreis hatte mich schon gestern an die Ferien im Kinderheim erinnert. Jetzt wieder. Jetzt weiß ich auch, wieso ich auf die Ursulinerin gekommen bin. Jetzt würge ich ihn hinunter, wie damals, als die Schwester neben mir stand und gewartet hat, bis der Teller leer war.

Dann stehe ich doch auf, weil ich hinaus muß. Die anderen beachten mich kaum. Nur Helmut fragt: „Na, alles okay?"

Die Hütte ist viel kleiner als die gestern am Abiscojaure. Es sind zwei Tische da. An dem großen Tisch sitzt unsere Gruppe. An dem kleineren steht die blonde Schwedin und knetet Teig. Sie nickt mir zu. Ihren Freund sehe ich nicht, auch nicht Frau Palmgren. Ein Stück weiter ist noch eine Hütte, erfahre ich. Dort wohnt ein Lappe, ein Freund von Frau Palmgren. Den besuchen sie. Ich schaue dem Mädchen zu, wie es den Teig zu kleinen runden Laiben formt, auf einer Pfanne im Kreis ordnet und die Pfanne auf die Ofenplatte stellt.

Von meiner Matratze aus höre ich, wie der Freund zurückkommt, höre es am Zuknallen der Tür, sehe den Schatten des Hünen über die Decke tanzen, sehe den blonden Haarschopf, der rot aufleuchtet, als die Ofentür niederklappt und eine Hand neues Holz in die Flammen wirft. Später sehe ich ihn am Tisch über die Landkarte gebeugt, wohl die Route für morgen studierend, während sie, die blonde Sieglinde, rittlings auf einem Stuhl vor dem Ofen sitzt, mit den Schultern gegen den breiten Rücken des Mannes gelehnt, ein Strickzeug in den Händen, und zwischen ihren schmalen, flinken Fingern einen Wollfaden in eine Mütze – oder ein Babyjäckchen – verwandelt.

# Über den Tjäktjatjåkka-Paß nach Sälka

Es ist wie ein Wunder: Am Morgen bin ich ausgeschlafen, schäle mich aus Schlafsack und Decken, mache Feuer, während die anderen noch schlafen, setze Teewasser auf und werde schließlich bewundert, weil ich so munter bin. Joka ächzt über sein Knie, Beaver hat wundgescheuerte Zehen, Helmut hat sich erkältet und hustet, Edelweiß massiert sich den Rücken und stöhnt über Bandscheibenschmerzen. Aber er spielt für uns den „Sani" und verarztet einen nach dem anderen mit Pflastern, Salben und Tabletten. Mir gibt er Vitamintabletten und streicht etwas Salbe auf meine Schultern. Der Schmerz, der gestern noch wie mit Messern ins Fleisch geschnitten hatte, ist fast schon vergessen.

Das blonde Schwedenpärchen frühstückt Blaubeersuppe. Heute scheinen sie es eilig zu haben, die beiden. Rasch löffeln sie ihre Teller leer, sprechen kaum ein Wort, lächeln einander nur an. Dann trägt er die Rucksäcke hinaus, sie spült das Geschirr, und auf einmal ist auch sie verschwunden.

Frau Palmgren, so höre ich, ist gestern nicht mehr zurückgekommen. Sie hat wohl in der Hütte des Lappen übernachtet.

Unser Tagesziel ist heute Sälka, die Hütte, in der Frau Palmgren vor Jahren einmal Hüttenwirtin war. Wir müssen über einen Paß, den Tjäktjatjåkka. Den Namen lasse ich mir von Edelweiß buchstabieren. Tjåkka, das heißt Berg, runder Berg, Bergkuppe, erläutert Edelweiß. Er zeigt mir den Paß auf der Landkarte. Westlich davon ist ein Berg mit dem Namen Muorahisvaggepattatjåkka. „Das heißt: Ich-weiß-nicht-den-Namen-von-diesem-Tal-und-dem-Berg", erklärt er. „Früher, wie die ersten Landvermesser hier heraufgekommen sind, da hat so ein schwedischer Kartograph einen Lappen gefragt, wie die Berge von den Einheimischen genannt werden. Die Antworten hat er dann in die Karte eingetragen. Viel Samisch wird er nicht verstanden haben. Nur das Wort tjåkka, das hat er gewußt. Auf englischen Karten ist der Berg deshalb als ‚Nameless Mountain' verzeichnet."

„Woher weißt du das alles?"

„Steht in meinem Lapplandbuch", sagt er. „Bis zur Paßhöhe ist es ein Höhenunterschied von etwa vierhundert Metern", fährt Edelweiß fort. „Das werden wir auch noch schaffen. Oder?" Er blickt mich prüfend an. „Danach geht es immer bergab bis Sälka. Hoffentlich nicht zu steil."

Heimlich wünsche ich mir, daß es möglichst steil den Paß hinuntergehen möge. Dann würde ich den anderen wieder vorausfahren können. Einmal würde ich wieder der erste sein.

Wir haben eine Spur, der wir folgen. Siegfried und Sieglinde haben sie gelegt. Sie führt schnurgerade von der Alesjaure-Hütte das enge Tal entlang nach Süden. Wieder begleitet uns ein leichter Wind. Rechts und links ragen eisverkrustete Felswände auf. Die Sonne verbirgt sich hinter einem Schleier. Trotzdem setzen wir die Brillen auf. Das Licht blendet, es ist grell und ohne Schatten. Der Wind hat Muster in den Schnee gezeichnet, Rippen und Wellen wie in den Dünen am Meer. Vereinzelt haben sich faustgroße Eisbrocken gebildet. Sie stehen gleich Pilzen neben der Spur. Ein Schlag mit dem Stock köpft ihre Haube, stäubt sie davon.

Wir kommen gut voran. Die Steigung ist nur gering. Meine Erschöpfung von gestern ist beinahe vergessen. Doch ich weiß, sie wird wiederkommen. Ich falle auf die Selbsttäuschung nicht noch einmal herein. Diesmal werde ich von Anfang an langsam gehen und mit meinen Kräften haushalten. Die anderen sollen getrost vorausgehen. Der Weg ist nicht zu verfehlen. Es gibt nur eine Richtung, das Tal aufwärts bis zur Paßhöhe. Dort steht eine Vinskydd, hat Helmut gesagt. Dort treffen wir uns und machen Rast.

*Am Tjäktjatjåkka-Paß*

Man kann weit vorausschauen, der Blick nach vorn ist offen, doch das Licht ist so grell, die Augen sind so geblendet, daß ich nichts sehe, nur das unendliche, alles verwischende, flimmernde Weiß.

Wenn ich stehenbleibe, ist es so still, daß ich das Knistern des Schnees unter meinen Skiern höre. Wenn ich den Atem anhalte und sich gar nichts bewegt, dann beginnt mein Pulsschlag zu dröhnen. Oder kommt dieses Brummen von außen? Ein Flugzeug? Der Himmel ist grau und leer, nichts ist zu sehen. Das Brummen wird stärker. Jetzt bin ich sicher: Es ist ein Motorgeräusch. Fast klingt es wie der Außenborder eines Bootes. Noch dauert es einige Zeit, dann sehe ich, von woher das Geräusch kommt. Ganz vorn, noch weit weg, dort, wo die Paßhöhe sein muß, erkenne ich einen Punkt. Er kommt rasch näher. Es ist ein Motorschlitten.

Das Auf- und Abschwellen des summenden Motors erinnert an ein Insekt. Ein giftiges Tier, gelb und blau, metallisch schimmernd. Es ist ein fremdes, störendes Geräusch. Es zerschneidet die Stille, zerstört die Einsamkeit. Die erhabene Ruhe ist plötzlich erfüllt mit knatternder Betriebsamkeit.

Der Schlitten hält bei den anderen. Eine pelzvermummte Gestalt ist abgestiegen und wird von der Gruppe umringt. Die Neugier treibt mich voran. Doch es geht nicht schnell genug. Bis ich herankomme, hat sich der Kreis wieder aufgelöst, und der Mann mit der Kapuze steigt auf seinen Schlitten. Ich sehe nur kurz sein pelzumrandetes, breites Lappengesicht. Der Motor heult auf, eine flüchtige Handbewegung noch zum Gruß, dann knattert er davon, der Spur nach, die wir gekommen sind.

„Wer war das?" frage ich.

„Streckenpatrouille", sagt Beaver. „Einmal die Woche fährt er die Hütten ab."

„So eine Art Bergwacht", erklärt Edelweiß, „aber mit Polizeivollmachten."

Helmut schaut mich ernst an. „Erinnerst du dich an die Studenten in Kvikkjokk? Das Mädchen und die zwei Burschen, die uns früh aus der Hütte geschmissen haben?"

„Die in den Sarek wollten? Ja, sicher."

„Sie sind umgekommen. Erfroren. Haben sich im Nebel verirrt..."

„Hundert Meter neben einer Windskydd hat man sie gefunden", ergänzt Beaver. „Stell dir vor, nur hundert Meter entfernt. Und sie haben nicht gewußt, wo sie waren."

„Er hat sie gefunden", sagt Helmut. „Der Mann mit dem Motorschlitten."

„Wo war das?"

„Am Teusajaure, wo wir auch hinwollten."

„Wann ist das passiert?"

„Vorgestern nacht. Er hat von Singi aus einen Hubschrauber angefordert. Der hat die Leichen nach Kiruna gebracht. In Singi haben sie ein drahtloses Telefon." Edelweiß, der erfahrene Bergwachtmann, hat sich in allen Einzelheiten über den Vorfall informiert. „Die drei müssen völlig erschöpft gewesen sein. Sie sind von Vakkotavare gekommen, wo wir vorige Woche waren. Aber dann haben sie den See verfehlt, sind in falscher Richtung gegangen. Der Mann hat die Spuren zurückverfolgt. Sie sind im Kreis gelaufen. Dann ist es Nacht geworden, und sie haben ein Biwak versucht. Aber irgendwie haben sie es nicht mehr geschafft. Es war wohl zu kalt, und sie waren zu erschöpft."

„Sie wollten sich heute mit der anderen Studentengruppe treffen, die mit uns in Abiscojaure war", sagt Helmut. „Fast hätte es geklappt."

„Härtetraining!" Joka sagt es mit bitterer Ironie.

Die Spur des Motorschlittens hat uns den Weg vorgezeichnet. Joka stürmt verbissen und mit übertriebener Eile voran.

Nur für einen Augenblick hatte ich das Gesicht des Mädchens durch das Fenster gesehen. Doch dieses Gesicht, das Profil mit der vollen Nase, dem breiten, leicht geöffneten Mund, den schulterlangen, strähnigen, ungekämmten

Haaren, dieses Gesicht hat sich mir eingeprägt. Es ruft mich zurück an das Fenster der Hütte in Kvikkjokk. Über dem Eingang sehe ich das Schild „Väst". Ich schaue durch das Fenster, und jetzt... wendet sie den Kopf und lächelt mich an. Ihre Augen sind blau. Große, runde, blaue Augen. Die Lippen formen ein Wort. Sie will etwas sagen. Ihre Augen fragen, ob ich sie verstehe. Nein, ich verstehe sie nicht. Das Fenster ist zwischen uns...

Die Augen sind starr, die wilden Haare steif gefroren. Eine Hand hebt den Kopf an den Haaren empor, läßt ihn zurücksinken mit dem Gesicht voran in den Schnee. Wieder sehe ich nur das Profil...

Meine Gedanken gehen zurück nach Vakkotavare, zu der kalten Hütte gleich neben der Straße. Joka reicht mir Tee aus seiner Thermosflasche. Von der Hütte führen drei Skispuren den Berg hinauf. Es beginnt zu schneien. Ich sehe die Spuren, doch es sind nicht Edelweiß, Helmut und Beaver, die da im Schneetreiben verschwinden. Es sind zwei Burschen und ein Mädchen, das sie in die Mitte genommen haben. Ich ahne die Gedanken des Mädchens. Während sie durch den Schneesturm stapft, der Spur des Bruders nach, den Freund im Rücken, hämmert die Frage in ihrem Hirn, was es wohl sei, das sie ihnen beweisen wollte, Sven, ihrem Bruder, und Jan-Åke, dem Freund. Daß ich genauso stark bin wie sie? Genauso gut, genauso schnell, genauso in allem? Daß es mir genauso Spaß macht wie ihnen, das Zusammensein in der Natur, das gemeinsame Gehen, das einfache Essen, das ganz, ganz einfache Leben, auf alles verzichten, auf Luxus, auf Wärme, auf alles Bequeme, auf Wasser zum Waschen, auf Radio und Fernsehen, auf Zeitung und Post, auf andere Menschen, auf Kunst und Kultur, auf Tanz und Musik, auf alles, woran wir gewöhnt sind, was unser Leben bedeutet – und was uns doch langweilt? War es das? Mußte ich mitgehen, um ihnen das zu beweisen?

Die Gedanken des Mädchen sind vielleicht ganz andere gewesen. Aber während ich wieder in der Spur bin und mit dem Rhythmus des Gehens mein Denken zu kreisen beginnt, versetze ich mich in die Rolle des Mädchens.

Je weiter sie gehen und je länger sie nachdenkt, wird ihr bewußt, daß sie allein ist und daß es nicht diese beiden sind, denen sie etwas beweisen will, nicht der Bruder und nicht der Freund, sondern daß es die heimliche Schwester in ihrem Herzen ist, in ihrem Kopf, in ihrem Leib, der Zwilling ihrer Seele, der sie immer begleitet, einmal vorangeht, um sie zu locken, einmal zurückbleibt, um sie zu halten. Sie, die heimliche Schwester, verlangt den Beweis: Was die anderen können, das kannst du auch, das will ich sehen, das sollst du zeigen!

Stunden irren sie nun schon durch Nebel und Schnee. Die Kräfte des Mädchens sind längst erschöpft. Es gibt nichts mehr zu beweisen, es hat sich erwiesen. Sie kann nicht mehr. Sie spürt auch die Schwester nicht mehr, hört die Stimme nicht mehr, die sie gerufen, gemahnt und getröstet hat, spürt nur noch, daß sie allein ist, daß alle sie verlassen haben, die Schwester im Herzen, der Bruder, der Freund. Das ist das letzte, was sie noch spürt...

Wir sind am Ende des Tales und steigen die Paßhöhe hinauf. Beaver ist bei mir geblieben. Wenn ich ganz dicht hinter ihm ginge, dann wäre es leichter für mich, hat er gesagt. Und ich folge ihm und bin froh, daß er langsam geht und mich so Schritt für Schritt die Spur hinaufzieht, die der Motorschlitten hinterlassen hat. Noch ehe wir oben ankommen, sehen wir das Dach der Winskydd, die aus dem Schnee ragt wie ein spitzes, hölzernes Zelt. Joka kommt heraus und wachst seine Ski. Er berät sich mit Beaver, welches Wachs wohl für die Abfahrt am besten sei. Ich krieche zu Helmut und Edelweiß in die Hütte. Sie hocken auf Brettern am Boden, die Thermosflasche steht zwischen ihnen. Der Ofen ist kalt. Feuerholz gibt es nicht. Ich lasse mich auf meinem Rucksack nieder. Zum erstenmal sehe ich eine Winskydd von innen. Doch es gibt nicht viel zu sehen. Es ist ein dreieckiger, finsterer Raum, eine Höhle, eine Notunterkunft, ein notdürftiger Schutz vor Kälte und Wind. Am Laitjaure, vorige Woche, am Anfang der Tour, hätten wir beinahe in so einer Winskydd übernachtet. Beinahe hätten wir sie nicht gefunden, und wir hatten schon an ein Biwak gedacht. Und dann sind wir doch noch weitergezogen, über den See, weil wir das Licht sahen, das Licht der Hütte von Aktse. Es war aber ein anderes Licht gewesen, und trotzdem hat es uns nach Aktse geführt. Und das Polarlicht hat uns begleitet, hat uns verzückt und verzaubert, und beinahe wären wir in den See gestürzt, in ein Wasserloch, das da in der Dunkelheit lauerte, nur wenige Schritte entfernt.

Die drei, die wenige Meter neben einer anderen Winskydd erfroren sind, haben unser Glück nicht gehabt. Wird es uns weiter begleiten? Oder wird man uns auch irgendwo finden und dann über uns reden?

Edelweiß errät meine Gedanken.

"Die Abfahrt ist gar nicht so steil", sagt er. "Ich habe sie mir schon angeschaut. Es geht zügig bergab. In zwei bis drei Stunden sind wir in Sälka."

"Das Schlimmste ist hinter uns", fügt Helmut hinzu. "Die nächste Etappe von Sälka nach Singi ist sowieso nur ein Katzensprung. Keine drei Stunden, auch immer bergab."

Die beiden besprechen, ob es besser sei, einen Tag in Singi zu bleiben, um dann am nächsten Tag ausgeruht auf den Kebnekaise zu stürmen, oder ob wir schon morgen bis zur Kebnekaise-Hütte weitergehen und dort übernachten sollten. Sie beschließen, es vom Wetter abhängig zu machen und von „der Stimmung der Truppe". Dabei schauen sie mich an. „Wir schaffen es – so oder so", sagt Edelweiß. „Wäre ja gelacht."

Auf der Abfahrt hinunter vom Paß sind mir Flügel gewachsen. Sie tragen mich, lassen mich schweben und schwingen, und ich frage nicht mehr, warum ich hier bin und was ich hier soll, sondern freue mich nur, fühle mich erleichtert, beschwingt. In der Spur des Motorschlittens fliege ich dahin, lasse Helmut und Edelweiß hinter mir, die sich im Tiefschnee rudernd mit Spitzkehren abwärtskämpfen, überhole auch Beaver, dem es zu schnell ging in der Spur und der kopfüber im Schnee landete.

„Alles okay?" rufe ich im Vorbeiflug. Ich kann nicht halten, obwohl ich ihm helfen sollte beim Aufstehen, so wie er mir geholfen hat, doch ich bin nicht zu bremsen, ich fliege. Mein Gewicht ist oben am Paß geblieben. Mein Rucksack ist ein Ballon, der mich trägt, ich selbst bin ein Vogel, ein Habicht, der eine Beute erspäht. Joka ist es, die Maus, die vor dem Raubvogel flieht, aber ich falte die Flügel, die Schwingen, lege sie fest an den Körper und falle im Sturzflug über ihn her. Er kann mir nicht entkommen. Tief in der Hocke schieße ich dahin, die Ski flattern über die Rippen der Spur. Das ist der Lohn für die Mühe, der Preis für die Qual. Es hat sich gelohnt.

Joka wartet auf mich. Wir blicken zurück. Es wird einige Zeit dauern, bis die anderen uns eingeholt haben. Beaver können wir sehen. Er hat einen Ski in der Spur, den anderen daneben im Tiefschnee, um besser bremsen zu können. Helmut und Edelweiß sind noch außer Sicht. Wir teilen uns ein Stück Schokolade, dann fahren wir weiter,

*Unsere Hütte in Sälka, die im Tjäktjatjåkka-Hochtal auf 900*

nicht mehr so schnell, denn das Gefälle läßt nach. Doch wir gleiten dahin, schieben nur leicht mit den Stöcken an und lassen uns treiben. Das Tal wird breiter, ein Ausblick nach Süden öffnet sich. In der Nachmittagssonne leuchtet ein wuchtiges Gletschermassiv. Ob es der Kebnekaise ist?

*...öhe liegt – der höchste Punkt des „Kungsleden"*

Joka weiß es auch nicht. Später erfahre ich von Helmut, es ist der Sälkatjåkka, nur 1400 Meter hoch, doch hier am Polarkreis wirkt der Berg wie ein Dreitausender.

Um vier Uhr erreichen wir Sälka. In einem Talkessel liegen zwei Hütten, eine große und eine kleinere. Wir stellen unsere Skier vor der kleinen ab. Die Tür ist unversperrt. Der Raum hat vier Doppelstockbetten, zwei Bänke, Tisch und Ofen und einen Schrank mit Blechtöpfen und Kochgerät. Diesmal bin ich es, der den Ofen anheizt. Doch das Holz ist feucht, und die Wände der Hütte sind eisverkrustet. Es dauert Stunden, bis es warm genug ist, daß wir Anoraks und Schuhe ausziehen können. Aber dann wird es gemütlich. Ich habe Suppe gekocht und teile die Portionen aus. Edelweiß sagt: „Küchenbulle – einen Nachschlag, bitte!" und ich gebe ihm noch einen Löffel voll auf den Teller. Dann essen wir Brot und Schinken, bieten uns gegenseitig Käse und Schokolade an, und Edelweiß stiftet Haferflocken für eine Süßspeise, zu der Helmut sein Trockenobst, Joka den Cognac und Beaver den Zucker beisteuern. Es wird ein Fest. Wir brauchen nicht mehr zu sparen. Die Vorräte müssen nur noch bis morgen reichen. Übermorgen sind wir auf der Kebnekaise-Hütte, die ist ganzjährig bewirtschaftet, hat Helmut erfahren. Und dann ist unsere Tour fast schon zu Ende. Wir sparen auch nicht mehr mit Licht. Drei Kerzen brennen auf dem Tisch, und Wasser haben wir auch genügend. Wir füllen die drei Eimer immer wieder neu mit Schnee und setzen sie auf den Ofen. So haben wir warmes Wasser zum Waschen für jeden.

Geredet wird wenig. „Noch jemand Zucker?" oder „Ich gehe Schnee holen" oder „Hoffentlich hält sich das Wetter", mehr nicht. Kein Gespräch, keine lauten Gedanken. Selbst Beaver, der am Anfang zu allem etwas zu sagen wußte, ist wortkarg geworden. Er hockt auf seinem Lager und schneidet sich die Zehennägel.

Edelweiß macht Eintragungen in sein Tourenbuch. Helmut fragt ihn, ob er seinen Bericht veröffentlichen will, im Alpenvereinsblatt oder sonstwo. Die Idee ist Edelweiß gar nicht gekommen. Nein, sagt er, er mache das nur für sich.

Zur Erinnerung. Er führe über alle seine Touren Buch. Da könne er dann später nachlesen und die Tour in Gedanken noch einmal machen.

Helmut steht am Ofen und wäscht sich. Er tut es gründlich und sachlich. Nicht pedantisch wie Beaver oder lustvoll grunzend wie Joka, sondern konzentriert und mit Überlegung, mehr mit dem Hirn als mit der Hand. Ist er zufrieden mit dem Verlauf unseres Abenteuers? Es scheint so. Aber der Höhepunkt, sein persönliches Ziel, die Besteigung des Kebnekaise, steht ja noch bevor.

## „Schneller fliegen ist leichter als langsam"

Die nächste Nacht sind wir in Singi. Die Hütte ähnelt der von Sälka so sehr, daß es scheint, als hätten wir uns seit gestern nicht vom Fleck bewegt. Es gibt auch eine größere Hütte daneben, wie in Sälka. Skier stecken im Schnee vor der Tür, durch das Fenster erkennen wir junge Gesichter. Doch wir wählen die kleine Hütte für uns, sie ist uns vertraut. Die Betten sind genauso geordnet, der Tisch, die Bänke und Hocker, der Ofen, die Eimer, alles heimelt uns an. Wir belegen die Betten in der gleichen Ordnung wie gestern, sitzen in der gleichen Ordnung am Tisch. Nur die Suppe ist nicht die gleiche. Statt Bohnen koche ich Reis.

Wir reden vom Kebnekaise, Edelweiß sagt, daß es nicht *der* Kebnekaise heißt, sondern *die* Kebnekaise. So steht es in seinem Buch. „Kebne" heißt Kessel, liest er uns vor, und „Kaise" ist die Bezeichnung für einen steilen Berg. Runde Berge mit einer Kuppe dagegen heißen „tjåkka". Es gibt auch einen Kebnetjåkka, einen Nebengipfel. Er ist nur 1769 Meter hoch. Edelweiß zeigt ihn uns auf der Karte.

*Bei der Singi-Hütte am Fuße des 1704 m hohen Singitjåkka ist a*

*bzweigung vom „Kungsleden" zum Kebnekaise-Massiv*

Der Hauptgipfel hat 2111 Meter. Es ist der höchste Berg Lapplands und Schwedens überhaupt.

Morgen werden wir dort sein, an der Hütte, die auf halbem Weg zum Gipfel liegt; vielleicht sind wir abends schon auf dem Gipfel. Am Ziel. Für Helmut ist es das Ziel. Für die anderen auch, mehr oder weniger. Für mich wird es der Gipfel meiner Anstrengung sein. Ich weiß nicht, ob ich es schaffen werde. Ich werde mich zwingen, Schritt zu halten mit den anderen. So wie ich mich die vergangenen Tage gezwungen habe. Ich werde wieder nicht den Mut haben, stehenzubleiben, umzufallen, liegenzubleiben.

Beaver erinnert an die Geschichte von den Wildgänsen, die zum Kebnekaise flogen. Gehört haben wir alle von dieser Geschichte, haben sie auch in der Schule gelesen, vor langer Zeit. Nils Holgersson hieß der Held. Ein Knabe, der von zu Hause weglief, weil er es dort nicht mehr ertrug, in der Geborgenheit, der Sicherheit, der Wärme des Daheims.

Wir ergänzen gemeinsam die Geschichte mit Bruchstükken aus unserer Erinnerung. Eine der Wildgänse, die Anführerin, hieß Aka – Aka von Kebnekaise. War es nicht so? Selma Lagerlöf hatte die Geschichte geschrieben, die nicht nur Märchen ist, sondern gleichzeitig ein Tatsachenbericht über Land und Leute in Schweden, damals, um die Jahrhundertwende. Nur die Rahmengeschichte ist ein Märchen.

„Darf man das", fragt einer, „Tatsachen und Märchen vermengen?"

„Wo sind denn die Grenzen?" fragt ein anderer.

Auf einmal haben wir ein Gespräch, das erste seit langer Zeit. In jedem Märchen steckt Wahrheit, sie sind Tatsachen, nur verkleidet mit Phantasie.

„Man kann es auch umgekehrt machen", schlage ich vor. „Tatsachen berichten, als Rahmengeschichte – zum Beispiel die Erlebnisse unserer Tour –, und sie dann mit Phantasie ausfüllen. Das Ergebnis? Jeder würde anders berichten. Natürlich, die Tatsachen der Tour wären die gleichen. Aber jeder hat sie anders erlebt. Auf jeden haben sie anders gewirkt. Und bei jedem ginge die Phantasie in eine andere Richtung.

Beaver hat die Geschichte von Nils Holgerssons wundersamer Reise mit den Wildgänsen kurz vor seiner eigenen Reise mit uns in den Norden noch einmal gelesen.

„Da kommt eine Stelle vor, an die muß ich schon die ganze Zeit denken", sagt er und zwinkert uns an. „In grauer Vorzeit haben die Vögel Kundschafter nach Norden geschickt. Sie sollten herausfinden, wie dieses sagenhafte Lappland denn wirklich sei. Sie haben dafür fünf Vögel ausgewählt: Auerhahn, Lerche, Fischmöwe, Lumme und Sperling. Jeder Vogel ist woanders hingeflogen, an die Nordmeerküste, ins Gebirge, zu den großen Seen, ins Flachland und an die Ostküste – und jeder hat etwas anderes berichtet. Da haben die übrigen Vögel wieder nicht gewußt, wie es in Lappland wirklich aussieht. Sie haben keinem geglaubt. Deshalb fliegen sie noch immer jedes Jahr nach Norden, um sich selbst zu überzeugen."

„Nicht alle Vögel", wirft Edelweiß ein.

„Nein, nur die Wildgänse. Aber die fünf Kundschafter sind auch noch immer unterwegs." Beaver blinzelt und schaut uns der Reihe nach an. „Wir sind ja auch fünf, oder?"

In der Nacht stehe ich auf und lege Holz nach. Obwohl ich todmüde bin, kann ich nicht schlafen. Ich hocke vor dem eisernen Ofen wie ein Priester vor seinem Heiligtum. Über die Schultern habe ich eine Decke gezogen. Mit den Händen halte ich sie im Schoß zusammen. Helmut schnarcht. Ich konzentriere mich auf das Geräusch, auf seinen Atem, versuche im gleichen Rhythmus die Luft einzuziehen und auszustoßen. Auf einmal stockt er, schluckt ein paarmal, dann schnarcht er weiter durch die Nase, gleichmäßig, kräftig, vital. Auch Beaver atmet laut. Er bläst beim Ausatmen. Im Ofen knackt das feuchte Holz.

Als wir beim Abendessen saßen, war plötzlich die Tür aufgegangen. Ein schwarzer Hund fegte herein, ein mächtiges, zottiges Tier, schnaubend und schnüffelnd. In der Tür stand, hochgewachsen, kraushaarig und blond, in einen weißen Schafspelz gehüllt, ein Mädchen.

„Hej!"

„Hej!" Aufgeschreckt anworten wir im Chor.

Sie war die Hüttenwirtin, wohnt in der anderen, der größeren Hütte nebenan, wollte wissen, ob alles in Ordnung sei, ob wir etwas bräuchten, woher wir kämen und wohin wir wollten. Sie setzte sich zu uns, nahm einen Schluck Whisky, den letzten aus Beavers Flachmann, nippte nur höflich daran, sagte, sie sei erst seit drei Tagen hier und müsse sich selbst erst eingewöhnen, aber sie wolle das ganze Frühjahr und den Sommer hier bleiben. Sie sei Studentin, habe viel Zeit hier zum Lernen, so hoffe sie wenigstens, und im übrigen fände sie es einfach schön hier, nicht wahr?

Sie blieb nur wenige Minuten, verschwand mit ihrem Hund wie sie gekommen war, und wir waren wieder allein. Es war wie ein Spuk, und wir rätselten noch eine Zeitlang, was dieses junge, hübsche Mädchen wohl veranlaßt haben mochte, hierher in die kalte Wildnis zu gehen. Weil es hier schön sei, hatte sie gesagt. Klang das nicht wie eine Ausrede? Lag in diesen funkelnden Augen, in der lustig aufgeworfenen Oberlippe nicht auch ein Ausdruck von Trotz. Verrieten die zarten, feingliedrigen Hände nicht deutlich, daß sie hier fehl am Platze war?

Sicher einer unglücklichen Liebesaffäre wegen, hatte Beaver gemeint.

Während ich vor dem Ofen knie, meine Hand ein Holzscheit in das Feuer wirft und sich mein Blick in den züngelnden Flammen verliert, bin nicht ich es, der dies tut, bin ich längst weit weg, bin jetzt das Mädchen, das zum Polarkreis floh, um der Liebe willen, damit das Herz einfriere, damit es langsamer schlage und der Schmerz verstumme.

Meine Haare sind kurz und kraus, aber dann sind sie auch strähnig und lang, und ich bin tot und liege im Schnee, neben mir Bruder und Freund. Ich bin auch der Bruder und auch der Freund. Und dann bin ich auch der Mann, der mich findet, der Lappe, der mit dem Motorschlitten durch die Einsamkeit fährt, der den Touristen begegnet als seien es seltsame Vögel, die von Süden heraufkommen, mein Land zu erforschen, das doch niemand erforscht, im Winter nicht und nicht im Sommer. Und ich bin einer der Vögel. Fischmöwe einmal, dann wieder Sperling, fliege hin über das Land, und schön ist eigentlich nur, daß ich fliege. Weit unter mir sehe ich mein Läppchen, das Mädchen in der bunten Tracht am Bahnhof von Gällivare. Ich bin auch das Mädchen, und ich sehe den Burschen, die Schnapsflasche im Arm. Er reckt mir die Flasche entgegen. Und ich bin es, der sie hält und aus ihr trinkt, meine Sinne betäubend, die mich fortreißen wollen, aus mir heraus.

Und schon bin ich der Däumling, dem sich alle Wünsche erfüllen, der sein Menschsein verläßt, um mit den Wildgänsen zu ziehen, nach Norden, ins Land Immerzu.

„Schneller fliegen ist leichter als langsam", ruft Aka von Kebnekaise. „Es ist leichter, hoch zu fliegen als niedrig." Und: „Wer nicht mit der Schar fliegen kann, der muß umkehren."

Umkehren kann ich nicht mehr. Am nächsten Tag sind wir unterwegs, drängen voran, um das Endziel zu erreichen. Wieder ist der Himmel wolkenverhangen. Wir folgen Spuren, sind nicht die ersten, die hier gehen. Der Schnee ist hart, vom Wind zusammengepreßt. Zuerst geht es aufwärts, bis wir einen Sattel erreichen, dann gleiten wir hinab in ein Tal, das sich allmählich verengt, dunkel und drohend wird wie eine Schlucht. Rechts und links ragen Felswände auf, eisverkrustet. Gefrorene Kaskaden hängen herab. Scheint die Sonne jemals in diese Schlucht?

Schweigend ziehen wir dahin. Der letzte in der Spur folgt mit Abstand. Der Abstand wird größer. Wer nicht mit der Schar fliegen kann, der muß umkehren. Zum Umkehren ist es zu spät.

Die Schlucht wird breiter, öffnet sich wieder. Den Gipfel des Kebnekaise können wir auch von hier noch nicht sehen, nur eine Flanke, einen Flügel, einen Seitenaltar. Aber schon dieser Anblick genügt, um die Macht zu verspüren, die hinter ihm thront.

Wir gleiten über eisglattes Parkett. Kilometerlang ist die Talsohle mit Eis überzogen. Von irgendwoher muß Wasser zufließen. Die Eisdecke ist blankgefegt. Nur am Rande liegt Schnee, Bruchharsch, holperig und mühsam zum Gehen. Aber immer noch besser als das Schlittern auf dem Eis. Ich folge der Spur am Eisrand entlang, doch ich komme nur langsam voran, langsamer noch als die anderen vor mir. Wer nicht mit der Schar fliegen kann, der muß umkehren, hämmert es in meinem Kopf.

Ich gleite zurück auf das Eis, stoße mich nur mit den Stöcken ab und rutsche so vorwärts. Wenn ich dabei die Skier ganz ruhig halte, geht es gut. Schneller jedenfalls als im Bruchharsch am Rand. Damit die Skier nicht seitlich wegrutschen, kante ich sie, zuerst nach innen, dann nach außen. So geht es besser. Auf den Außenkanten stehend gleite ich jetzt dahin wie auf Schlittschuhen. Ein kräftiger Rückenwind, der durch das Tal bläst, schiebt mich voran, mit den Stöcken helfe ich nach. O-beinig, wobei ich die Skier nur noch als Kufen verwende, segle ich über das Eis, immer schneller und schneller, als ginge es bergab.

Am Rand ist das Eis narbig und rauh, weiter entfernt, in der Mitte des Tales, schimmert es spiegelglatt. Ich steuere vom Ufer weg, hinaus auf den schwarzglänzenden, stählernen Spiegel. Die anderen, die sich am Uferrand abmühen, bemerken mich jetzt und winken und rufen mir etwas zu. Ich reiße die Stöcke hoch und winke zurück. Der Wind, der durch das Tal zieht wie durch einen offenen Korridor, hat mich voll erfaßt. Ich brauche die Stöcke nicht mehr, nur noch, um die Balance zu halten. Schon habe ich die anderen überholt. Mit dem Wind flattern mir Rufe nach: Heh! und Halt! – doch ich bin nicht zu halten.

Lege ich mich etwas nach links, dann kann ich die Richtung verändern und fahre einen Bogen nach rechts. Es ist fast wie beim Schwingen auf einer Piste. Ich steuere hinüber ans rechte Ufer des Sees, an der hochaufragenden Felswand entlang, die mit ihrer Eiszapfenfassade den Himmel verdunkelt. Noch schärfer bläst hier der Wind, und ich muß auf Eisbrocken achten, die aus der Wand heruntergestürzt sind. Wehender Schnee umgibt mich wie mit Schleiern aus Tüll.

Wo wird diese Fahrt enden? Mündet der See vielleicht in einen Wasserfall, über den ich dann hinausfliege? Bricht das Eis plötzlich ab, und ich versinke im Wasser?

Das verkrampfte Stehen auf den Außenkanten der Skier ermüdet. Doch ich kann nicht anhalten. „Schneller fliegen ist leichter als langsam", ruft Aka von Kebnekaise, und ich folge ihrem Ruf.

Schneeflocken begleiten mich, immer dichter huschen sie an mir vorbei, tanzen voraus und reißen mich mit. Kein Ufer ist mehr zu sehen, und wäre nicht der Wind, der mich treibt, so würde ich die Richtung verlieren. Einmal ist auch dieser Sturmflug zu Ende, denke ich und sorge mich nicht um das Wie. Das Ende ist ohnehin sicher.

Es überrascht mich dann aber doch. Felsbrocken blockieren unvermutet den Kurs. Ich kann nicht bremsen, steuere noch knapp am einen vorbei, pralle dann mit dem Ski an den anderen, taumele zur Seite und stürze krachend aufs Eis. Der Rucksack hat die Wucht des Aufpralls gemindert, mir ist nichts geschehen, und auch die Eisdecke blieb unversehrt. Das Aufstehen allerdings macht Mühe. Ich setze mich auf den Felsen und versuche mich zu orientieren. Schneeflocken wirbeln mir ins Gesicht. Schemenhaft erkenne ich links und rechts neben mir weitere Felsen. Bin ich am Ende des Sees? Oder ist dies nur eine Insel? Vorsichtig taste ich mich weiter, halte mich links der Windrichtung, auf das Ufer zu, wo die anderen vier irgendwo auf mich zukommen müssen. Der See liegt hinter mir, ich tappe über nacktes, rötlichbraunes Gestein. Um die Skier zu schonen, schnalle ich ab und taste mich zu Fuß weiter über Fels und Geröll. Immer wieder bleibe ich stehen und lausche. Mir ist, als höre ich Rufen. Nur Lautfetzen, die der Wind an mir vorbei trägt. Plötzlich bricht das Schneetreiben ab, der Vorhang reißt auf, und ich erkenne den Rand der Moräne, über die ich geklettert bin. Die schneebedeckte Flanke unseres Berges ist wieder zu sehen, und ganz nahe tauchen die roten Anoraks von Helmut und Edelweiß auf. Wir sind alle wieder vereint, mit Hallo und Gelächter.

Ja – es war Leichtsinn, aber schön war es doch. Einmalig schön!

Nach kurzer Rast ziehen wir weiter, jetzt bergan, in Serpentinen den Steilhang hinauf. Ein Blick noch einmal hinunter zu dem schimmernden Eis, dann hat es eine Schneewolke verhüllt. Es bleibt nur noch die Spur, in der die Skier gleiten, das schleppende Schleifen der Skier, das Stoßen und Ziehen der Stöcke, der keuchende Atem, das hämmernde Herz. Zum letztenmal kommen Verzweiflung und Ohnmacht, der quälende, zermürbende Schmerz in Schultern, Rücken und Beinen, zum letztenmal der Zwang zur Selbstüberwindung.

Als ich die Kebnekaise-Hütte erreiche, sitzen die anderen schon in der Stube, trinken heißen Tee und reden mit drei Burschen am Nebentisch, die einzigen Gäste außer uns in der großen, modern ausgestatteten Hütte. Sie sind ebenfalls aus München, und sie waren heute am Gipfel, in

*Die Kebnekaise-Fjällstation liegt auf 690 m Höhe unterhalb der Kaipak-Kuppe*

der Frühe, als die Sicht noch gut war. Jetzt, bei dem Wetter, sagen sie, habe es keinen Sinn. Außerdem sei es eine Mordsschinderei. Alles verblasener Tiefschnee, lawinengefährlich und mit Skier nur ein kurzes Stück zu begehen, dann müsse man steigen, vier Stunden rauf und zwei bis drei wieder zurück. Ob wir Steigeisen hätten? Nur die Tourenschuhe zum Skilaufen? Mitleidiges Lächeln. Wir könnten es ja versuchen, wir würden schon selber sehen, wie weit wir damit kämen.

Helmut und Edelweiß blicken sich an.

„Nun ja", sagt Helmut, „für heute sind wir sowieso zu spät dran. Mal sehen, wie morgen das Wetter ist."

Wir beziehen unser Quartier, eine saubere Stube mit Doppelstockbetten, ganz für uns allein. Die Hüttenwirtin heißt Katarina. Auch sie ist Studentin. Sie hat jedem von uns weißes Bettzeug ausgehändigt, als wir unsere Namen in das Hüttenbuch schrieben.

Joka fragt: „Müssen wir das Bettzeug benützen?" Es war nicht als Scherz gemeint, aber alle brechen in Gelächter aus. Auch Joka lacht mit. Früher Selbstverständliches ist plötzlich fragwürdig geworden. Zwei Wochen in Schlafsack und Decken haben genügt.

Helmut und Edelweiß wollen noch ein Stück den Aufstieg erkunden, Beaver und Joka entscheiden sich für die Sauna, die es hier in einem Anbau gibt. Durch das Fenster fällt trübes Nachmittagslicht. Es hat zu schneien aufgehört, aber der Himmel ist grau, und vom Dach tropft Schmelzwasser herab.

Das Plätschern erinnert an Frühling, an gebrochenes Eis, an sprießendes Grün, an die ersten Blumen, an den würzigen Duft der Tannen und Fichten, das Flimmern der Birkenblätter im Wind. Zwei Wochen in Eis und Schnee haben ausgereicht, mich nach dem Frühling zu sehnen.

*Wenn die Wolkendecke mal kurz aufreißt, zeigen sich die Gipfel des Kebnekaise-Gebiets*

Am nächsten Tag schneit es wieder. Damit ist auch die Entscheidung gefallen: Der Gipfel bleibt unbezwungen. Ich fühle mich erleichtert. Auch bei den anderen erhebt sich kein Widerspruch. Selbst Helmut überwindet seine Enttäuschung. Sicher hätte er gern noch auf besseres Wetter gewartet, aber der Zeitplan muß eingehalten werden, dafür ist er schließlich verantwortlich.

Zum Trost bleibt uns als Abschluß die Abfahrt von der Hütte hinunter ins Tal nach Nikkaluokta, rasant zuerst, dann gemächlich, schwereloses Gleiten auf dem frisch gefallenen Schnee. Mit Doppelstockschub überholen wir einander, nicht mehr in einer Spur hintereinander, lachend und froh, daß alle Anstrengung nun zu Ende ist.

Am nächsten Morgen startet das Flugzeug in Kiruna, das uns zurück in den Süden bringt. Aus dem Fenster sehen wir das Meer und die Eisschollen an der Küste, die sich zusammenschieben und auftürmen, als seien sie gefrorene Wogen. Und dahinter die schneebedeckte Landschaft, deren Konturen im milchigen Weiß verschwimmen, wird eins mit den Wolken, in denen sich das Spiel des Windes mit den Wogen und Wächten wiederholt.

Als das Fährschiff von Malmö nach Kopenhagen den Sund überquert, schwebt eine Fischmöwe im Fahrtwind über dem Deck. Girrr... Girrr... Der Schrei hört sich an wie ein Skistock im eisharten Schnee.

# Reisetips (Stand: Oktober 1989)

## Landeskunde

*Lappland* ist das Gebiet an der Nordkappe (auch Nord-Kalotte genannt) der Skandinavischen Halbinsel. Es erstreckt sich nördlich des Polarkreises über die Grenzen der vier Staaten Norwegen, Schweden, Finnland und der Sowjetunion (Kola-Halbinsel) und ist in seiner Ausdehnung um einiges größer als das deutsche Bundesgebiet.

Von den rund 380 000 Menschen, die in diesem Gebiet leben, gehören etwa 40 000 dem Volk der Lappen (Sami) an. 15 000 bis 17 000 von ihnen leben in Schweden, etwa die gleiche Zahl in Norwegen, der Rest in Finnland und in der UdSSR.

Lappland heißt aber auch die schwedische Provinz innerhalb der Verwaltungsgebiete Västerbotten und Norbotten mit 110 000 qkm Fläche und 120 000 Einwohnern, unter ihnen die 15 000 bis 17 000 Lappen (Sami).

*Lappen (Sami)*, so lautet die offizielle schwedische Bezeichnung für die Urbevölkerung. Das Wort „Lappi" kommt aus dem Finnischen und bedeutet soviel wie „öde Landschaft". Sami – oder in Dialektabweichungen Sábme bzw. Same (plur. Samer) – nennen sie sich selbst, das von ihnen bewohnte Land dann auch entsprechend Sapmi (bzw. Sameoednâm) – und nicht Lappland.

## Geschichte

Die Herkunft der Sami oder Samer ist nicht ganz geklärt. Vermutlich stammen sie jedoch von den Samojeden ab, einem Nomadenvolk aus dem Osten Rußlands, das in vorchristlicher Zeit in Skandinavien eingedrungen ist. Ihre Sprache, die in zahlreiche, oft recht unterschiedliche Dialekte zerfällt, wird dem Finnisch-Ugrischen zugerechnet. Erstmals schriftlich erwähnt werden sie 98 v. Chr. vom römischen Geschichtsschreiber Tacitus als einem „wilden Volk, noch nördlich der Germanen, Fenni genannt, das weder Waffen noch Pferde, noch festen Wohnsitz" habe, sich von Kräutern ernähre und mit Tierhäuten bekleide.

In Norwegen ist noch heute das Wort „Finn" synonym mit Lappe. Das nördliche Verwaltungsgebiet Norwegens, in dem die Lappen (Sami) siedeln, heißt demnach auch „Finnmark".

Die Ansprüche der Lappen (Sami) auf das von ihnen besiedelte Gebiet ist inzwischen vom schwedischen Staat als uraltes Gewohnheitsrecht anerkannt worden. Dies bezieht sich vor allem auf die Bodennutzung für die Rentierzucht, der ursprünglichen Lebensgrundlage der Lappen. Nach den neuesten offiziellen Zahlen sind heute allerdings nur noch etwa 2500 Lappen (600–700 Haushalte) Rentierzüchter. Insgesamt wird die Zahl der Rentiere in Schweden derzeit auf 250 000 angegeben. Die meisten Lappen (Sami) bestreiten demnach heute ihren Lebensunterhalt auf andere Weise, teilweise auch außerhalb ihrer traditionellen Wohngebiete im Norden.

Dem Abwanderungstrend in den Süden und der vollständigen Assimilation an die schwedische Bevölkerungsmehrheit steht seit einigen Jahren ein neues „Lappen-Bewußtsein" entgegen mit dem Bekenntnis zur eigenen Geschichte und Kultur. Eine von der Regierung eingesetzte Kommission bereitet gegenwärtig ein Gesetz vor, das die Anrechte der Lappen (Sami) an Land und Wasser in den von ihnen bewohnten Gebieten gegenüber anderen, meist wirtschaftlichen Interessenten, schützen soll.

Ein eigenes „Gesetz über die Grundlagen der Rentierzucht" wurde schon 1971 verabschiedet, um die wirtschaftlichen Grundlagen für die Züchter zu verbessern. So dürfen beispielsweise nur Lappen (Sami) Rentierzucht betreiben und dies auch nur in bestimmten Gebieten. Das Gesetz gibt aber auch der Regierung die Möglichkeit, das Recht zur Rentierzucht in bestimmten Gebieten aufzuheben, die für „Zwecke von wesentlicher Bedeutung für die Allgemeinheit" benötigt werden. Mit anderen Worten: Straßenbau, neue Staudämme, Touristenströme, automatisierte Waldwirtschaft, Naturschutz für Raubtiere usw. bedrohen ständig die garantierten Rechte der Lappen.

**Tschernobyl – und die Folgen**
Die Kernkraftkatastrophe von Tschernobyl, die im April 1986 eine radioaktive Wolke aus Jod, Cäsium, Strontium, Ruthenium und Plutonium über Ostschweden herabregnen ließ, hat nicht nur im betroffenen Land, sondern in der gesamten Weltpresse die schlimmsten Befürchtungen ausgelöst. „Volk der Lappländer in tödlicher Gefahr" – „Lappland: katastrophale Folgen für Mensch und Tier" – „Das Ende einer Kultur", so und ähnlich lauteten die Schlagzeilen.

Tatsächlich sind die endgültigen Folgen auch drei Jahre danach noch immer nicht abzusehen, und die Schäden konnten keineswegs beseitigt werden. Entsprechende Kontrollen des Strahlenphysikalischen Instituts an der Universität von Umeå, die noch laufend fortgesetzt werden, haben jedoch gezeigt, daß sich das Ausmaß der Schäden in Grenzen hält. So wurden beispielsweise manche Gebiete, wie auch die Nordprovinz Norbotten, von den radioaktiven Niederschlägen so gut wie verschont. Man ist jetzt deshalb dazu übergegangen, die Rentiere auf Staatskosten vorübergehend aus den am schwersten betroffenen Regionen in die verschonteren Weidegebiete umzusiedeln. Bereits im Herbst 1987 konnten von den 90000 geschlachteten Rentieren 70000 zum Verzehr für Menschen freigegeben werden. In der gleichen Zeit des Vorjahres mußten noch von nahezu 100000 Tieren 70000 vernichtet werden, weil der Cäsiumgehalt die zugelassenen Höchstwerte überstieg.

Ausgelöst durch die Beunruhigung der Bevölkerung nach der Katastrophe von Tschernobyl hat die schwedische Regierung beschlossen, das schwedische Kernkraftprogramm früher als ursprünglich geplant zu beenden. Schweden besitzt 12 Kernreaktoren, die fast 50% der elektrischen Energie liefern. 1980 war durch Volksabstimmung ein Abschied von der Kernenergie bis zum Jahr 2010 beschlossen worden. Nun will die Regierung bereits Mitte der 90er Jahre zwei Reaktoren schließen lassen, sofern bis dahin Ersatzwerke gebaut und der Stromverbrauch durch erhöhte Preise und Energieeinsparungen gedrosselt ist.

**Kultur**
Die Besinnung auf das kulturelle Erbe und die Tradition ihres Volkes hat den Lappen (Sami) zu einem neuen Selbstbewußtsein verholfen. Viele tragen wieder ihre bunten Trachten, schicken ihre Kinder in eine der sechs staatlichen Nomadenschulen, in denen auch Unterricht in samischem Dialekt erteilt wird. Kinder, die keine Nomadenschule besuchen, können dennoch Unterricht in ihrer Muttersprache und in ihrer eigenen Kultur im Rahmen eines Sonderprogramms an den staatlichen Schulen erhalten. Seit 1942 haben die Lappen (Sami) auch eine eigene Heimvolkshochschule.

Durch die Wiederbelebung der alten Lappen-Handwerkskunst haben viele auch eine neue Erwerbsquelle gefunden. Sie sind mit

*Lappenmarkt in Jokkmukk*

ihren Arbeiten auf internationalen Ausstellungen und Messen vertreten, und im Zuge des zunehmenden Tourismus blüht das Souvenirgeschäft.

Erzählungen und Lieder sind fast ausschließlich mündlich überliefert. Zwei Geschichtensammlungen zählen zu den klassischen Werken der Lappen-Literatur: Johan Turis „Mui' talus sámiid birra", erstmals 1910 erschienen, und Andrea Labbas Erzählung „Anta", 1969.

## Fauna und Flora

Zu den heimischen Tierarten gehören neben dem Ren vor allem der Elch, ferner Polarfuchs und Berglemming. In den Waldgebieten leben Schneehase, Wiesel, Eichhörnchen, Otter, Marder und Luchs. Typische Vögel in den Gebirgsregionen sind Raubmöve und Schneehuhn, Regenpfeifer, Sporammer, Rotkehlchen, Schneeammer und Ohrenlerche. Unter den Greifvögeln herrschen Bussard und Merlin vor.

In den Gewässern leben Bachforellen, Seesaiblinge, Äschen, Quappen und Muränen.

Die Pflanzen und Blumen in den Gebirgsregionen ähneln unserer alpinen Flora: Trollblumen, Fingerkraut, Hahnenfuß, Veilchen, Kuhblumen, Leimkraut, Roter Steinbrech, Ehrenpreis und Schnee-Enzian.

Unter den Bäumen dominiert die Schwarzbirke vor Eberesche und verschiedenen Weidenarten.

## Allgemeine Informationen

**Anreise**
Mit der Bahn über Puttgarten nach Kopenhagen, weiter mit der Fähre nach Malmö, dann Flug über Stockholm und Lulea nach Kiruna (günstiger Inlandstarif!).

Um von Kiruna auf den Kungsleden zu gelangen, fährt man entweder mit der Bahn weiter nach Abisko im Norden oder in südlicher Richtung mit der Bahn und dann mit dem Bus über Gällivare und Jokkmok nach Kvikkjok.

**Zollbestimmungen**
Zollfrei eingeführt werden dürfen pro Person: 1 Liter Wein, 1 Liter Spirituosen, 2 Liter Bier, Tabak und Reiseausrüstung im Gesamtwert von 1000,– SKR. Personen unter 20 Jahren dürfen keinen Alkohol einführen!

**Einfuhrverbot** besteht für Kartoffeln, Bohnen, Erbsen, Milch, Sahne, Quark, Frischkäse, Eier, Frischfleisch. Konserven sind jedoch erlaubt.

**Quarantäne für Tiere**
Da es in Schweden keine Tollwut gibt, müssen Tiere grundsätzlich vier Monate lang in Quarantäne gebracht werden.

**Währung**
1 SKR (Schwedische Krone) hat 100 Øre. Der Wechselkurs schwankt wenig und liegt um DM 30,– für 100 SKR.

**Alkohol**
Alkohol wird in Schweden nur an Personen über 20 Jahren verkauft und nur in den staatlichen Monopolgeschäften (Systembolaget); Leichtbier (Lättöl, Folköl) gibt es auch in Lebensmittelgeschäften.

**Notruf**
Gebührenfrei aus allen Telefonzellen die Nummer 90000 wählen.

**Svenska Turistföreningen (STF)**
Der Schwedische Touristenverein, der dem Deutschen Alpenverein entspricht, erteilt Auskünfte über Wanderrouten und Übernachtungsmöglichkeiten. Mitglieder im STF erhalten zahlreiche Vergünstigungen, z. B. Ermäßigung bei den Übernachtungsgebühren in den Hütten. Der Jugendherbergsausweis gilt als Mitgliedskarte. Auch Ausländer können Mitglied werden. Jahresbeitrag 165,- SKR für Erwachsene. Familienmitglieder und Jugendliche unter 20 Jahren 55,- SKR. Der STF bietet u. a. einwöchige Sommer- und Wintertouren mit Führung an. Übernachtet wird auf einer Fjällstation, in Hütten oder im Zelt. Es gibt Touren aller Schwierigkeitsgrade für Anfänger und für geübte Berg- und Skiwanderer.

Die meisten Hütten sind mit Gaskochern und Geschirr ausgestattet, die Betten haben Matratzen und Wolldecken. Einige größere Gebirgsstationen und Hütten sind bewirtschaftet, und man kann dort Proviant kaufen. Übernachtungsgebühr für Erwachsene 80,- SKR, für Kinder bis 16 Jahre 30,- SKR. STF-Mitglieder erhalten 20,- SKR Ermäßigung. Der Hüttenwirt kassiert die Gebühr. Gibt es keinen Hüttenwart, soll die Gebühr an den STF überwiesen oder in der nächsten bewirtschafteten Hütte bezahlt werden.
*Anschrift:* Svenska Turistföreningen (STF), Vasagatan 48, BOX 25, S-10120 Stockholm, Telefon 0046-8-7903100.

**Weitere Auskünfte in Deutschland**
Schwedisches Reisebüro, Joachimstalerstraße 10, 1000 Berlin 15, Tel. 030-8821516-18.
Schwedische Touristik-Information, Glockengießerwall 2, 2000 Hamburg 1, Telefon 040-338212.

## Kungsleden (Königsweg)

Der 500 km lange markierte Wanderweg erstreckt sich von Hemavan im Süden bis Abisko im Norden. Es gibt entlang des Pfades in Abständen von 8 bzw. 21 km Übernachtungshütten. Höchster Punkt ist der Tjäktjapaß mit 1150 m.

Für Sommerwanderungen ist die beste Zeit von August bis Anfang September. Dann sind die Mücken weg, und der oft sumpfige Boden ist meist trocken. Für Skitouren empfiehlt sich Mitte März bis Anfang Mai.

## Nationalparks

In der Lappenregion Nordwestschwedens bilden die drei Nationalparks „Padjelanta", „Sarek" und „Stora Sjöfallet" mit insgesamt 5232 qkm das größte Nationalparkgebiet Europas.

*Padjelanta* ist ein ausgedehntes Gebirgsplateau mit großen Seen und Rentierweiden. Besucher sollten über Gebirgserfahrung verfügen.

Leichter zugänglich, auch im Winter, ist das flachere Gelände von Stora Sjöfallet, während eine Durchquerung des Sarek mit seinem 2000 m hohen Gebirgsmassiv, das unseren Viertausendern entspricht, als anspruchsvoll bezeichnet und nur geübten Bergwanderern empfohlen wird.

## Wintersport

Ganz Schweden ist in den Wintermonaten, hauptsächlich von Januar bis März, ein Langlauf- und Skiwanderland. Die Loipen sind zum Teil beleuchtet. Jedes Jahr am ersten Sonntag im März findet im Siljàngebiet (Dalarma) der traditionelle 85,5 km lange Vasa-Lauf statt.

Zentren des alpinen Skisports sind Åre und Duved in Jämtland. Als Besonderheiten werden örtlich auch Hundeschlitten-Safaris und Möglichkeiten für Helicopter-Skiing angeboten.

## Ausrüstung

Wer Lappland im Winter mit Skiern durchqueren will, sollte folgende Punkte beachten:
– Die schmalen, üblichen Langlaufskier mit glatter oder gerippter Lauffläche eignen sich nur für das Gehen auf Loipen. Für *cross-country* wie etwa auf dem Kungsleden empfehlen sich

*Unterwegs mit dem Hundeschlitten*

eher leichte, breite Tourenskier mit einer Langlaufbindung, die auch eine Fersenhalterung hat. Die Stöcke sollten breitere Teller haben als die üblichen Langlaufstöcke.
- Die Schuhe sollten entsprechend der Bindung fester und höherschaftig sein.
- Günstige Kleidung sind Bundhosen und mindestens 2 Paar wollene Kniestrümpfe zum Wechseln, darüber möglichst hohe und feste Gamaschen gegen das Einsinken im glasharten Harsch oder nassen Tiefschnee.
- Im Rucksack mit Tragegurt nur das Allernötigste mitnehmen. Bei sorgfältiger Tourenplanung können alle zwei bis drei Tage Stützpunkte zur Proviantergänzung erreicht werden.

### Karten
„Turist"-Kartan, Blatt 10, 1:300000; „Fjäll-Kartan", 1:100000; beide schwedisch/deutsch.

Weitere Spezialkarten wie „Wintersport in Schweden" und „Kungsleden-Wandern im Land der Samen" (zu beziehen über NORDIS-Landkartenhandel, Postfach 343, 4019 Monheim).

## Literatur

Reinhold Dey, „Land der Mitternachtssonne"
  LN-Verlag, Lübecker Nachrichten GmbH
Carl von Linné, „Lappländische Reise"
  Insel Verlag, Frankfurt/Main
Jutta May, „Lappland"
  Goldstadt Verlag, Pforzheim
Peter Rump/Frank Herbst, „Lappland Handbuch"
  Rump Verlag, Bielefeld
Günther Schupp, „Kungsleden", Wandern im Land der Samen
  NORDIS Buch- und Landkartenhandel, Monheim
Norbert Schwirtz/Winfried Wisniewski, „Lappland"
  Landbuch-Verlag, Hannover

## Kleiner Sprachführer

| | |
|---|---|
| Hej! | Hallo! Guten Tag! |
| God tur! | Gute Fahrt! |
| Hur kommer vi till...? | Wie kommen wir nach...? |
| Vilken väg är bäst? | Welches ist der beste Weg? |
| Var sä god | bitte |
| Tack | danke |
| Tack så mycket | vielen Dank |
| I dag | heute |
| I går | gestern |
| I morgon | morgen |
| Jag heter... | ich heiße... |
| Talar Ni tyska? | Sprechen Sie Deutsch? |
| Höger | rechts |
| Vänster | links |
| Rakt fram | geradeaus |
| Fjällräven | Bergwanderer |
| Fjäll | Berg, Bergland |
| Tjåkka | Berg *(samisch)* |
| Kaise | steiler Berg *(samisch)* |
| Jaur, jaure | See *(samisch)* |
| Sjö, träsk | See |
| Jokk, jåkka | kleiner Fluß *(samisch)* |
| Vatten | Wasser |

## ALLE TITEL DER REIHE
## REISEN · MENSCHEN · ABENTEUER

*Aubert · Müller* Panamericana

*Biedermann* Im Land der aufgehenden Sonne

*Cerny* Von Senegal nach Kenia
*Colombel* Der siegreiche Berg
*Crane* Kilimandscharo per Rad
*Cropp* Alaska-Fieber
*Cropp* Schwarze Trommeln
*Cropp* Im Herzen des Regenwaldes

*Dodwell* Im Land der Paradiesvögel
*Dodwell* Globetrotter-Handbuch
*Dodwell* Wo China noch unentdeckt ist

*Franceschi* Vier Männer gegen den Dschungel

*Gallei · Hermsdorf* Blockhaus-Leben

*Hannig,* Island – Vulkane, Eis und Einsamkeit
*Harrison* Piranhas zum Frühstück
*Härtel* Unterwegs
*Heidenberger* Mit Skiern durch das weiße Lappland
*Hermann* Von Thailand nach Tahiti
*Hermann* Heiße Tour Afrika
*Höppner* Cowboys der Wüste

*Jeier* Am Ende der Welt
*Jenkins* Das andere Amerika
*Jones* Sturzfahrt vom Everest

*Keiner* Quer durch den roten Kontinent
*Kreutzkamp* Mit dem Kanu durch Kanada
*Kühnel* Motorrad-Odyssee
*Kühnel* Rätselhaftes Indien

*Lindenberg* Mit dem Fahrrad in die Türkei
*Look* Auf Tramptour bis Pakistan
*Look* Wo der Mond auf dem Rücken liegt

*Meister* Albanien – das nahe, ferne Land
*Möbius · Ster* Dschunke, Jeep und Bambusfloß
*Möbius · Ster* Inselträume in Indonesien

*Pern* Zu Fuß durch Nordamerika
*Pilkington* Am Fuß des Himalaja

*Ricciardi* Auf Sindbads Spuren
*Ridgway* Im Land der Inkas heute
*Rohrbach* Inseln aus Feuer und Meer
*Rohrbach* Der weite Himmel über den Anden
*Roos* Segeln in der Arktis

*Stejskal* Ich lebte bei den Wayapi-Indianern
*Stejskal* Malediven – Das Mädchen Robinson

## ALLE TITEL DER REIHE
## REISEN · MENSCHEN · ABENTEUER

*Swale* Zu Pferd durch Chile

*Tasker* Eishölle am Everest

*Thoma* Gute Tage unter dem Halbmond

*Thorer* Endstation Dschungel

*Tin · Rasmussen* Motorradtour Singapur–Australien

*Tin · Rasmussen* Traumfahrt Südamerika

*Tin · Rasmussen* Perestroika mit dem Motorrad

*Troßmann* Wüstenfahrer

*Troßmann* Wüstenzeit – Sahara grenzenlos

*Unsworth* Europa zu Fuß

*Veszelits* Brasilien, Land der Gegensätze

*Walls · Martin* Drei Jahre in einem Kampong in Malaysia

*Zierl* Highway-Melodie

# TRAVEL OVERLAND
## Billigflüge weltweit
(...warum woanders mehr zahlen?)

*Billigflüge sind Vertrauenssache*

**TRAVEL OVERLAND**
Barerstraße 73 · 8000 München 40
**Tel. 089/272760**
Fax 089/272 55 09